Zu diesem Buch

Stellen Sie sich vor: Sie liegen an einem Swimmingpool oder sitzen in einem Straßencafé, neben oder vor sich ein kühles Getränk oder einen Espresso, und schlürfen nicht nur das Getränk, sondern ziehen sich auch genüßlich Stück für Stück eine Geschichte nach der anderen rein. Das ist einfach mörderisch gut. Denn während Sie den coolen Betrachter spielen, leiden die Helden und Heldinnen – die meistens keine sind – an der eigenen Unzulänglichkeit oder der des Partners.

Ob einarmige Banditen oder röhrende Hirsche, spitze Messer oder Streichhölzer, der Phantasie sind keine Grenzen gesetzt, ein Werkzeug als Tatwerkzeug zu gebrauchen. Und wer davonkommt, ist der Sieger, oder?

Sollten Sie aber nicht an einem Urlaubsort weilen, dann schaffen Sie sich diese Oase. Denn Vorstellung ist alles, und schon sind Sie bei Anna Marx in Bonn oder mit Gertrud und Gottfried in Rio oder mit Ursula und Benedikt in Hongkong und Macau oder in der Normandie mit Amelie und Fred. Das ist fast so gut wie dabeisein. Nur nicht so gefährlich.

Christine Grän, geboren 1952 in Graz, war nach dem Studium Redakteurin, ehe sie für fünf Jahre nach Botswana ging. Seit 1985 lebt sie wieder in Bonn als freie Journalistin und Autorin zahlreicher Bücher, Hörspiele und Drehbücher. In der Reihe der rororo thriller liegen vor: Weiße sterben selten in Samyana (Nr. 2777), Nur eine läßliche Sünde (Nr. 2835), Ein Brand ist schnell gelegt (Nr. 2901), Dead is beautiful (Nr. 2944), der Kurzgeschichtenband Ein mörderischer Urlaub (Nr. 2950), Marx ist tot (Nr. 3081) sowie Grenzefälle (Nr. 3031). Dieser Kriminalroman bildete den Auftakt zur Abendserie «Auf eigene Gefahr» in der ARD mit Thekla Carola Wied als Anna Marx.

Christine Grän

Mit Mord beginnt ein schöner Sommer

– Stories –

Rowohlt

rororo thriller
Herausgegeben von Bernd Jost

Originalausgabe
Veröffentlicht im Rowohlt Taschenbuch Verlag GmbH,
Reinbek bei Hamburg, Mai 1994

Redaktion Jutta Schwarz
Umschlagfoto Viesti / Bavaria
Umschlagtypographie Peter Wippermann / Susanne Müller
Satz Aldus (Linotronic 500)
Gesamtherstellung Clausen & Bosse, Leck
Printed in Germany
890-ISBN 3 499 43136 x

Der Kampf der Geschlechter ist bisweilen mörderisch …

Inhalt

Mit Mord beginnt ein schöner Sommer

Die Leiche ist männlich, circa 1,70 Meter groß und von jenem durchschnittlichen Äußeren, das nur unter besonderen Umständen auffällt. Ein toter Mann auf dem Beifahrersitz eines alten Jaguar erfüllt dieses Kriterium. Um fünf Uhr morgens meldet eine Polizeistreife den Leichenfund vor einem Wohnhaus in der Beethovenstraße. Um fünf Uhr zwanzig trifft die Spurensicherung ein, gefolgt von Hauptkommissar Gottlieb Hermes, der beim Anblick des Oldtimers sichtlich erschrickt, die Leiche kurz mustert und danach zielstrebig eine Klingel des Wohnhauses betätigt, vor dem der Wagen mit der Leiche geparkt war.

«Komisch», sagt die Frau mit den wirren roten Haaren. Sie trägt ein weites T-Shirt über einem schief geknöpften Rock und ist offenbar noch nicht wach genug, um die Dramatik der Situation einzuschätzen.

«Was ist so komisch an einer Leiche?» Hermes sucht in seinen Sakkotaschen nach Streichhölzern. Typisch, daß die Marx sich jetzt eine Zigarette in den Mund steckt. Er gibt ihr Feuer, und sie atmet den Rauch tief ein, bevor sie antwortet.

«Na, daß sie in meinem Wagen sitzt. Finde ich ziemlich rücksichtslos. Sie nicht?»

Man kennt sich und siezt sich. Anna Marx ist der Meinung, daß ein wenig sprachliche Distanz der Keuschheit der Beziehung nicht schaden kann. Gottlieb Hermes ist davon überzeugt, daß die Form der Anrede ihn nicht daran hindern wird, sie eines Tages zu betören. Aber nicht jetzt. Sie sieht verschlafen und verstört aus und wehrt sich gegen die makabre Situation mit dummen Sprüchen.

«Haben Sie sich den Mann genau angesehen?»

Der Mann in Annas MK II wird von allen Seiten abgelichtet, bevor man ihn vorsichtig aus dem Sitz in einen Kunststoffsarg verfrachtet.

Anna friert. Ein Sommermorgen sollte nicht mit einer Leiche beginnen. «Ja, doch. Ich kenne den Typ nicht. Ich habe ihn noch nie gesehen und folgerichtig auch nicht umgebracht und in mein Auto gesetzt.»

Hauptkommissar Hermes hätte ihr unter anderen Umständen sein Jackett angeboten; Annas Gänsehaut rührt ihn, aber Dienst ist Dienst, und Marx ist Marx. «'ne Ahnung, wie er da reingekommen ist?»

Jetzt grinst sie. Der große Mund wird noch größer, und selbst im Dämmerlicht kann er ihre Falten zählen, viele Falten, die ihn sonderbarerweise nicht stören. «Na klar: Das Auto war nicht abgeschlossen. Irgendwas klemmte am Türschloß, also hab ich ihn einfach so stehen lassen...»

«... im Parkverbot!»

«Wo denn sonst? In dieser Straße gibt es zehnmal so viele Autos wie Parkplätze.»

Sie übertreibt. Eine Journalistin muß ihre Stories immer ausschmücken, und Anna Marx ist obendrein ein Mensch, der mit Lust läßliche Lügen erzählt. Ihre Begründung, daß die Wahrheit doch meist langweilig sei, findet Hermes reichlich kindisch. Lügt sie, um jemanden zu decken? Es wäre ihr zuzutrauen. Denn zu einem Gewaltverbrechen ist sie nicht fähig, davon ist Hermes zutiefst überzeugt. Aus einer Vielzahl von Gründen, die alle sehr unsachlich sind.

«Daß ich im Parkverbot stand und nicht abgeschlossen hatte ist aber noch lange kein Grund, eine Leiche in meinem Auto zu deponieren. Ist sie schon identifiziert?»

Ihre Entrüstung wäre unter anderen Umständen komisch. Hermes beobachtet seine Ermittlungsmaschinerie, während er antwortet: «Er heißt Wolfgang Lucius, ist achtundvierzig Jahre alt und deutscher Staatsbürger. Wir lassen seine Personalien gerade überprüfen.»

Ein Mann von der Spurensicherung winkt Hermes zur Seite, und er läßt Anna allein. Das gibt ihr Zeit, ihre Gedanken zu ordnen. Einmal hat sie bereits gelogen: Die Leiche, die Wolfgang Lucius heißt, ist ihr bekannt. Nein, sie hat den Typ schon mal vorher gesehen, sie weiß bloß nicht wo und wann, und auch der Name... irgendwo hat sie ihn schon gehört oder gelesen.

Sie wohnt noch nicht lange in der Beethovenstraße und kennt nur einen Teil der Mieter, die man nach ihr aus dem Schlaf geklingelt hat. Mit Gesichtern, die Mißmut bis Neugierde widerspiegeln, stehen sie vor dem Haus und starren auf ihr Auto, in dem Spuren gesichert werden, und anschließend vom Auto zur Besitzerin. Anna sieht sie flüstern und fühlt sich wie eine Mörderin. Sie blickt herausfordernd zurück und denkt, daß in diesem Haus nur arrivierter Mittelstand lebt, single oder verheiratet ohne Kinder. Katzen sind erlaubt, Hunde nicht. Wohnungen ab neunzig Quadratmetern werden mit Stellplätzen vermietet, Annas Wohnung mißt siebzig Quadratmeter und ruiniert in dieser Größenordnung bereits ihren Kontostand.

Eine Frau löst sich aus der Menge und spricht jetzt mit Hermes, der ihr aufmerksam zuhört. Die beiden gehen zu dem Polizeiwagen, in dem der Sarg liegt... Jetzt weiß Anna, woher sie Wolfgang Lucius kennt. Sie hat ihn zusammen mit dieser Frau gesehen, vor ein paar Tagen, als im Treppenhaus ihre Einkaufstüte platzte und sie auf dem Boden kniete und Äpfel einsammelte. Die Frau muß über ihr wohnen, im Dachgeschoß vermutlich. Sie ist jünger als Anna, zierlich und dunkelhaarig – und sie war mit diesem Lucius an Anna vorbeigegangen und hatte nicht mal gegrüßt. Kein Grund, sie als Mörderin zu verdächtigen, doch der Gedanke, daß Frauen Männer umbringen, liegt Anna niemals fern.

Zum ersten Mal, seit Anna in diesem Haus wohnt, spricht jemand sie an, fragt sie, was denn passiert sei? Anna zuckt die Achseln, sie ist unschuldig, jedenfalls in dieser Sache. Hermes kommt mit der dunkelhaarigen Frau zurück, sie sieht blaß und leidend aus und wird von einem Polizisten ins Haus geführt.

«Kann ich auch zurück in meine Wohnung?»

Hermes nickt und deutet mit einer Geste an, daß er sie später aufsuchen wird. Anna geht die Treppen zu Fuß, keucht und verflucht ihre Lunge. Sie macht sich Kaffee und beißt in ein hartes Brötchen. Sie raucht und sieht aus dem Fenster auf ihr Auto, das noch immer von neugierigen Polizisten mißhandelt wird. Nach einer dreiviertel Stunde schellt es an der Tür. Hermes folgt Anna und dem Kaffeeduft und setzt sich dankbar in ihren verschlissenen Sessel im Wohnzimmer, läßt sich Kaffee servieren. Was krieg ich dafür, fragen Annas grüne Augen. Lang ist die Liste seiner Gegenleistungen für Annas spärliche Gunstbeweise. Hermes läßt sie ein paar Sekunden warten, bevor er ihre Neugierde befriedigt.

«Wolfgang Lucius war sechsundvierzig Jahre alt und Inhaber einer kleinen TV-Produktionsfirma, die sehr gut im Geschäft war. Das sagt jedenfalls seine derzeitige Freundin, Emma Bartoli. Sie wohnt genau über Ihnen und ist ebenfalls Journalistin. Arbeitet bei der Deutschen Welle und kennt Lucius seit knapp zwei Jahren. Er war verheiratet, trennte sich aber von seiner Frau und zog vor vier Wochen bei der Bartoli ein. Die große Liebe soll es gewesen sein.»

«Also hat *sie* ihn nicht in mein Auto gesetzt?!»

Hermes hält Anna seine Tasse zum Nachschenken hin. Denkt, daß sie alt und egozentrisch wird. Das einzige, was sie an diesem Fall zu interessieren scheint, ist die Tatsache, daß man ihr Auto als Leichenaufbewahrungsort mißbraucht hat. Ein schönes Auto, wenn auch etwas ungepflegt, so wie die Besitzerin an diesem Morgen.

«Unwahrscheinlich, aber nicht auszuschließen. Sie hat ein sehr wackeliges Alibi für die Tatzeit. Lucius wurde zwischen elf und Mitternacht erwürgt, soweit die vorläufge Tatzeitbestimmung. Mit einer Art Kabel... vermutlich ist es da oben geschehen...»

Er zeigt mit dem Finger an Annas Decke. «Die Tatwaffe haben wir noch nicht gefunden. Wir gehen davon aus, daß der Täter –

oder die Täterin – die Leiche irgendwann nach Mitternacht in den Aufzug befördert und nach unten gebracht hat. Ziemlich riskant, aber offenbar hat niemand im Haus was gehört oder gesehen. Eine mögliche Theorie wäre, daß der Täter die Leiche wegschaffen wollte, vielleicht zu seinem Auto, dabei gestört wurde – und das Glück hatte, daß direkt vor der Haustür ein Wagen parkte, der nicht abgeschlossen war. Da hat er – oder sie – die Leiche reingeschubst und ist abgehauen.»

Anna ist aufgestanden und sieht aus dem Fenster, wie ein Mann sich auf ihrem Autositz verbiegt, um nach Spuren zu suchen. Nicht nur die meisten Mieter, sondern auch eine Reihe von Leuten aus den Nachbarhäusern beobachten das Tun der Polizei, statt im Bett zu liegen oder zu frühstücken. Sie werden es das «Mordauto» nennen, denkt Anna. Ob die Polizei den Wagen reinigen läßt, nachdem sie ihn in der Mangel hatte?

«Und Sie haben nichts gesehen oder gehört? Wo waren Sie überhaupt zur Tatzeit?»

Hauptkommissar Hermes sieht Anna so streng an, daß sie zu lachen beginnt. «Tut mir leid, mit einem Alibi kann ich nicht dienen. Ich hab bis circa zehn Uhr ferngesehen, diese blöde Politiker-Serie, und dann bin ich ins Bett und ziemlich schnell eingeschlafen. Ich habe einen unglaublich tiefen Schlaf, Herr Hauptkommissar...»

Es ist eines dieser Wohnhäuser, denkt Hermes, in denen sich keiner um den anderen kümmert. Lauter nette, tolerante, gleichgültige Leute...

Annas Gegenfrage: «Und wo war die Bartoli, als ihr Liebhaber ermordet wurde?»

«Sie war bei ihrem Frauen-Stammtisch in der *Kerze*. Dort ist sie angeblich nach elf Uhr weg und zu Fuß nach Hause. Als sie in die Wohnung kam, war Lucius nicht mehr da. Sie dachte, daß er vielleicht noch in eine Kneipe gegangen sei, und ging sofort zu Bett, weil sie müde war. Soweit ihre Angaben, die wir natürlich überprüfen werden. Die Zeitschiene ist eng.»

«Kann eine Frau einen Mann erwürgen?»

Eine der unsäglichen Marx-Fragen. «*Sie* bestimmt», sagte Hermes, während er aufsteht. «Lucius war klein und nicht sonderlich kräftig. Wenn man ihn von hinten angegriffen und das Kabel schnell zugezogen hat, dürfte es kein großer Kraftakt gewesen sein. Und ich muß jetzt los, hab schon viel zu lange mit Ihnen...»

«...geplaudert», vollendet Anna seinen Abschiedssatz, während sie vorausgeht und die Tür öffnet. «Und was geschieht mit meinem Wagen?»

«Den nehmen wir vorläufig mit.»

Sie sieht ihn an, als wolle sie ihn erwürgen. «Sie kriegen ihn wieder, keine Angst, Marx.»

«Aber fein säuberlich gereinigt und mit repariertem Türschloß», ruft Anna ihm ins Treppenhaus nach. Sie knallt die Tür zu. Es ist zu früh, um wach zu sein, und zu spät, um wieder ins Bett zu gehen. Sie steht mit einer Zigarette am Fenster und sieht zu, wie ihr geliebtes Auto abtransportiert wird. Vorneweg fährt der Wagen mit dem Sarg. Polizisten notieren die Personalien der Mieter. Die Menge der Gaffer löst sich langsam auf. Ich hätte unseren Fotografen anrufen müssen, denkt Anna. Doch welches Interesse sollte sie daran haben, ihr «Mordauto» in der Zeitung abgebildet zu sehen? Man sollte versuchen, so zu leben, daß es keinem auffällt, denkt Anna. Und auch so zu sterben...

Jetzt fällt ihr ein, wo sie den Namen Lucius gesehen hat. Er ist der Produzent dieser unerträglichen Politiker-Serie, deren fünfte Folge sie gestern abend gesehen hat: «Die Wiege der Macht» heißt sie, produziert von «Lucius Production», eine TV-Seifenoper mit dem Anspruch, Leben und Wirken eines deutschen Politikers voyeuristisch und spannend darzustellen. Die Fernsehwirklichkeit ist ein fades, klischeebeladenes und bisweilen peinliches Machwerk, das von den Kritikern zerrissen und vom Publikum geliebt wird. Einschaltquoten können nicht irren. Anna Marx hingegen hat in einer Fernsehkritik geschrieben, daß «selbst die gemeinsten Bonner Politiker erträglicher sind als ihre Karikaturen im Fernsehen».

Ob Wolfgang Lucius die fünfte Folge sah und sich danach selbst erwürgte?

Emma Bartoli trägt schwarz und hat ihre Wohnungstür nur einen Spaltbreit geöffnet. «Ich gebe keine Interviews», sagt sie zu der rothaarigen Frau, die mit einer Flasche Wein in der Hand vor ihr steht.

«Ich wohne unter Ihnen», sagt Anna. Es bedarf weiterer Erklärungen: «Ich dachte mir, es geht Ihnen nicht so gut – und daß Sie vielleicht Gesellschaft gebrauchen könnten.» Sie hält die Weinflasche hoch und lächelt ihr mütterliches Lächeln.

Ein ablehnender Blick, doch Emma Bartoli gehört zu den Menschen, die so schlecht nein sagen können. Es hat ihr eine Reihe von unangenehmen Situationen und unangenehmen Männern beschert. Inzwischen ist sie alt genug, ihre Schwäche zu erkennen, doch zu alt, um sie konsequent zu bekämpfen. Sie öffnet ihre Tür und sagt: «Kommen Sie rein.»

Anna registriert eine Dachgeschoßwohnung von penibler Ordnung, mit modernen Möbeln gestylt, die gewiß nicht billig waren. Keine Blumentöpfe, keine Schnittblumen, keine Zeitschriften oder Bücher, die herumliegen. Keine Fingerabdrücke auf dem Glastisch, und in der kleinen, offenen Kochecke steht kein Stück schmutziges Geschirr. Kein Aschenbecher...

«Ich will mich natürlich nicht aufdrängen», sagt Anna sanft.

«Ist schon gut. Setzen Sie sich doch. Möchten Sie eine Tasse Tee?»

Anna hält ihre Bordeauxflasche hoch. «Haben Sie vielleicht einen Korkenzieher?»

Wenig später nippt Emma Bartoli an ihrem Weinglas und sieht Anna mit angemessener Trauer an. «Sehr nett von Ihnen. Es ist in der Tat eine schreckliche Situation. Ich habe... seine Frau angerufen und sie gefragt, ob sie Wolfgangs Sachen abholen möchte. Wissen Sie, was sie gesagt hat?»

Annas mitfühlender Blick schweift ab auf der Suche nach einem Gegenstand, der einem Aschenbecher ähnelt. «Sie sollen sein Zeug auf den Sperrmüll werfen, hat sie vermutlich gesagt.»

«Woher wissen Sie das?»

«Ehefrauen sind so», erwidert Anna. Denkt, der Dialog könnte aus der gräßlichen Lucius-Serie stammen. Dort sind die Ehefrauen allerdings arme Hascherl, die von ihren macht- und sexbesessenen Politikermännern betrogen und seelisch vergewaltigt werden. Die Sekretärinnen der Politiker sind gleichzeitig ihre Geliebten; die Sexszenen werden immer von einem Telefonanruf unterbrochen; die Politiker liegen immer in Unterhosen im Bett. Wie soll das funktionieren? Und weshalb sieht sie sich diesen Mist überhaupt an?

Emma Bartoli setzt zu einer Arie über bösartige Ehefrauen an, der Anna mit gemäßigter Neugierde lauscht. Lucuis' Frau war Teilhaberin der Produktionsfirma und als solche nicht einfach loszuwerden. Sie war böse, rachsüchtig, habgierig...

«Hatte die Ehefrau Grund, ihn umzubringen?»

Emma Bartoli starrt Anna Marx an. «Ja, natürlich», sagt sie schließlich. «Jetzt gehört ihr die ganze Firma, jetzt kann sie endlich allein regieren.»

«Hat sie ihn deshalb umgebracht?»

Emma schweigt. Sie ist klein, zierlich und muskulös. Wenn sich eine Frau mit vierzig entscheiden muß, ob sie Kuh oder Ziege wird, dann sind die Gegensätze zwischen den beiden Frauen auffällig. Anna ist ganz Kuh – und Emma hat sich zur Ziege entschlossen. In ihrem Bücherregal stehen – Kante an Kante – Bücher über Kampfsportarten und körperliche Fitneß. Die Kraft hätte sie, denkt Anna, aber welchen Grund sollte Emma haben, ihren Liebhaber umzubringen?

Emma schweigt, und Anna stellt sich eine Mordszene vor. Wolfgang Lucius, ahnungslos in einem dieser unbequemen Stühle oder vielleicht am Schreibtisch mit Glasplatte... die Mörderin nähert sich ihm von hinten, das Kabel hinter ihrem Rücken versteckt... sie hebt es über seinem Kopf hoch... blitzschnell zieht sie die Schlinge über den Hals, drückt zu, drückt ganz fest... vielleicht hat er noch kurz geröchelt, bevor sein Genick brach...

Anna geht so weit, sich das Geräusch vorzustellen, und überhört beinahe Emmas Flüstern.

«Es ist mir egal, wer ihn umgebracht hat. Ich weiß nur, daß ich es schrecklich finde, wieder allein zu sein.»

«Man gewöhnt sich dran», erwidert Anna herzlos. Sie füllt die Gläser nach und fragt Emma, ob Lucius denn viele Feinde gehabt habe? Emma weiß es nicht, sie weiß überhaupt nicht viel über sein Leben außerhalb dieser Wohnung. Er sei oft weg gewesen, habe sie jedoch immer angerufen, wenn es spät wurde. Er war zuverlässig, pünktlich, ordentlich, ehrgeizig natürlich, beruflich sicherlich hart, doch privat weich wie Samt. So beschreibt Emma ihren Liebhaber, den Anna einmal gesehen hat, von unten sozusagen, denn sie kniete im Flur, um Äpfel einzusammeln.

«Wolfgang war sehr erfolgreich. Sie kennen doch sicher seine neue Serie ‹Die Wiege der Macht›?»

Anna nickt unverbindlich. Die Gier nach einer Zigarette wird größer; Emmas Sätze bewegen sich zwischen belanglosen Erinnerungen, Selbstmitleid und Selbstanklage. Wäre sie nicht zu ihrem Frauenstammtisch gegangen, hätte sie den Mord verhindern können, so glaubt Emma. Vermutlich habe Wolfgang gedacht, daß sie den Schlüssel vergessen habe, als er seinem Mörder die Tür öffnete, ohne vorher die Sprechanlage zu betätigen.

«Man kann seinem Schicksal nicht entrinnen», sagt Anna und haßt sich für diesen blöden Satz. Nach einer Stunde verläßt sie Emma, nachdem sie ihr versichert hat, daß ihre Tür jederzeit für sie offen sei. Hinter ihrer geschlossenen Tür setzt sie sich an ihren Computer und füttert ihn mit Informationen über Wolfgang Lucius. Was Emma wohl denken wird, wenn sie Annas Story liest? Vielleicht, daß die Marx eine hinterhältige Journalistin ist, die sich als gute Nachbarin tarnt? Man denkt ungern Schlechtes von sich, doch Anna muß zugeben, daß es nicht sehr anständig von ihr war, die berufliche Neugierde zu verschweigen.

«Wir haben zusammen gearbeitet, aber getrennt gelebt. Man kann einen Mann nicht vierundzwanzig Stunden am Tag ertragen.» Sophie Lucius sieht Anna mit leichter Herablassung an. «Sie sind wohl nicht verheiratet?»

Anna verneint. Aus Rache für den Ehefrauen-Blick sieht sie sich abschätzend im Chefbüro von «Lucius Productions» um: Die Frau trägt Jil-Sander-Klamotten, doch das Mobiliar sieht aus, als habe man es vom Sperrmüll geholt. Die Tapeten sind vergilbt, das gesamte Haus am Kölner Ring erscheint abbruchreif. Jil-Sander-Sophie lacht, als sie Annas Blicke wertet: «Wir haben unser Geld in Produktionen gesteckt, nicht in Büromöbel. Schließlich ist die Firma erst drei Jahre alt. Mein Mann war vorher Redakteur beim WDR, das wissen Sie ja sicher, wenn Sie sein Leben recherchieren.»

«Mich interessiert auch sein Tod», sagt Anna kühl. Da ist es wieder, dieses Unterlegenheitsgefühl gegenüber eleganten, schlanken, smarten Frauen. Sophie Lucius ist eine arrogante Ziege. Anna beginnt, Emmas Haßgefühle zu verstehen.

«Oh, ja, mich natürlich auch. Ich habe diesem Hauptkommissar schon gesagt, daß Wolfgang Drohbriefe erhalten hat. Sie waren an das Büro adressiert, anonyme Briefe natürlich, so von der Art, daß mein Mann Schmutz und Schund produziere und deshalb den Tod verdiene. Wirklich lächerliches Zeug... ich habe die widerliche Sammlung der Polizei übergeben. Wir haben die Sache natürlich nicht ernst genommen. Vielleicht war das ein Fehler...»

«Sie haben die Briefe nicht ernst genommen, aber trotzdem aufbewahrt?»

Sophie Lucius begegnet Annas Blick und hält ihm stand. «Glauben Sie vielleicht, *ich* habe ihn umgebracht? Also hören Sie, liebe Frau Marx, das ist schon ziemlich abwegig. Wolfgang hatte beste Kontakte zu den Medien, er hatte ein Gespür für das, was aktuell ankommt, und er war es, der die Aufträge an Land zog und die künstlerische Leitung der Produktion innehatte. Ich bin hier bloß das Organisations- und Finanzgenie, zuständig für alles und nichts. Ich weiß wirklich nicht, was wir ohne ihn anfangen werden.»

Understatement im Jil-Sander-Look... Sie ist nicht der Typ, der Schmerz nach außen trägt, denkt Anna. Andererseits: Sie ist der Typ, der es alleine schaffen wird, auch ohne den Partner mit den guten Beziehungen, die vermutlich aus seiner Zeit als TV-Insider stammen. Man kennt sich, man trifft sich, man produziert Spesen, um die Produktion zu bekommen. Eine Serie wird geboren...

«Hat er denn wirklich Schund produziert, Ihr verstorbener Mann?»

Sophie Lucius lacht herzhaft, erinnert sich dann an ihren Witwen-Status und hört abrupt auf. «Meine liebe Frau Marx, wir machen hier populäre Serien. Liebe Landärzte, patente Mütter, korrupte Politiker... alles, was Aufträge und Einschaltquoten bringt. Nein, streichen Sie diesen letzten Satz, er klingt so zynisch. Unsere Serien sind deshalb erfolgreich, weil sie die Probleme der Menschen in diesem Land aufgreifen und dennoch positiv und unterhaltsam sind. So würde ich es formulieren. Unter uns: Wolfgang ist mit höheren künstlerischen Ansprüchen angetreten, aber er hat sich dem Trend anpassen müssen, um zu überleben.»

«Also doch Schund», sagt Anna boshaft. Sophie Lucius lächelt gequält: «Ich weiß, daß gewisse Journalisten eine gewisse intellektuelle Arroganz pflegen, die ebenso realitätsfern wie überflüssig ist. Nehmen Sie ‹Die Wiege der Macht›: 8,5 Millionen Zuschauer waren es diese Woche wieder. Die Serie ist ein Renner – daran können auch die üblen Kritiken nichts ändern.»

Anna, weder eine Intellektuelle noch eine typische Einschaltquotenfrau, schweigt.

Die Witwe schließt pathetisch die Augen: «Wolfgang hatte eine unglaubliche Nase für solche Hits. Als Theo damit ankam und ich sein Serien-Exposé las, habe ich laut nein geschrien. Sozialkritisch überladen, intellektuell abgehoben, unverkäuflich: Das war mein Urteil.» Sie öffnet ihre schön geschminkten Augen: «Aber ich hatte unrecht, und mein Mann hat das sofort erkannt. Er hat Theo seine Idee abgekauft, ein paar smarte Drehbuchautoren an die Überarbeitung gesetzt – und, voilá, man hat sie uns aus den Händen gerissen, die ‹Wiege der Macht.›

Sie muß ein paar Millionen damit verdient haben, denkt Anna angesichts dieses Ausbruchs. «Wer ist Theo?» fragt sie, und Sophie Lucius verwandelt sich wieder in die kühle Geschäftsfrau. «Ein verkanntes Genie», sagt sie spöttisch. «Theo Roth gehört zu den Typen, die ihre guten Ideen schlecht verkaufen.» Sie registriert Annas wachen Blick. «Wir lieben Theo, verstehen Sie das nicht falsch. Wolfgang ist schon lange mit ihm befreundet – und er hat ihm immer geholfen, wenn es ihm dreckig ging.»

«Hatte Ihr Mann auch Feinde?»

Sophies Handbewegung umfaßt Millionen Feinde. «Wer Erfolg hat, macht sich nicht immer beliebt. Aber Todfeinde hatte er meines Wissen nicht.»

«Bis auf den anonymen Schreiberling.»

«Ach der ... vermutlich ein Autor, dessen Drehbuch wir abgelehnt haben. Oder eine von Wolfgangs Amouren, die sein kurzlebiges sexuelles Interesse nicht akzeptieren wollte. Vergessen Sie den letzten Satz. Mein Mann war sehr beliebt – und er liebte das Leben. Das können Sie schreiben.»

Doch *du* hast ihn gehaßt, denkt Anna, während sie ihr Tonband ausschaltet. Du hast ihn vielleicht gebraucht und bewundert, aber das sexuelle Tier hast du gehaßt. Annas Urteile und Vorurteile schlagen einen Salto in die Richtung, daß es durchaus zu Sophie Lucius passen würde, die Leiche ihres Mannes in einem dunkelblauen Jaguar zu deponieren. Bloß daß Sophie eher zu einer zierlichen Damenpistole denn zu einem Kabel greifen würde ...

Hauptkommissar Hermes kaut Sonnenblumenkerne und genießt Annas Gegenwart. Sie trägt ein Sommerkleid, das vorne geknöpft ist, und wenn sie sich vorbeugt, kann er mehr Anna sehen als ihm guttut. Sie hingegen blickt tiefer, auf seine rechte Hand mit dem Ehering. Sagt spöttisch: «Selbst eine dumme alte Kuh springt nicht zweimal in denselben Graben, Hermes.»

Kuhbrüste, Kuhgeschwätz ... er wendet sich den Briefen zu,

die auf seinem Schreibtisch liegen, und schiebt sie in ihre Richtung. «Die Umschläge hat Lucius angeblich weggeworfen, und die Briefe sind wenig aufschlußreich. Die Wörter sind aus Zeitungen ausgeschnitten und nebeneinander geklebt. Lesen Sie selbst.»

Wer Schmutz öffentlich macht, verdient die öffentliche Hinrichtung.

Du hast mein Vertrauen mißbraucht und mußt dafür sterben.

Mit dem Dieb ist auch der Eigentümer entlarvt. Dafür stirbst du.

Ich liebe Deine Angst. Du gehst an Deiner Feigheit zugrunde.

«Es klingt nach einer Frau.» Hermes sieht an Annas Sommerkleid vorbei auf das Fahndungsplakat, das an seine Tür geklebt wurde. «Nach Aussagen der Witwe hat Lucius ein sehr reges Liebesleben geführt, um es mal vornehm auszudrücken. Eine Dame hat es ihm offenbar übelgenommen.»

Anna sieht von den Briefen hoch in seine blauen Augen. «Immer sind's die Weiber, nicht wahr? Wenn es eine Frau war, dann ist sie offenbar der deutschen Sprache mächtig. Außerdem muß sie Karl Kraus kennen. Der erste Satz im dritten Brief ist aus einem Kraus-Aphorismus. ‹Mit dem Dieb ist auch der Eigentümer entlarvt› – Was meint sie oder er damit?»

Hermes grinst bewundernd. «Ich liebe gebildete Frauen. Vielleicht meint sie, daß er ihr Herz gestohlen hat und deshalb ein Arschloch ist.»

Anna lächelt zurück. «Sehen Sie einen Zusammenhang zwischen den Briefen und dem Mord? Verdächtigen Sie die Witwe? Ist die Tatwaffe gefunden? Wurde Emmas Alibi bestätigt? Hat einer der Mieter was gesehen oder gehört? Gibt es ein Motiv für den Transfer der Leiche?»

Hermes schüttelt den Kopf, während Anna ihre Fragen stellt.

Die Ermittlungen sind in einem Stadium, in dem seine Neugierde bereits nachläßt. Der Tote hatte seine schmutzigen Geschichten, und eine davon brach ihm das Genick. Eines seiner Opfer wurde zum Täter, so wird die Sache vermutlich ausgehen. Man wird den Täter irgendwann finden und seiner gerechten Strafe zuführen. Wie langweilig – und wie leid er es ist, im menschlichen Dreck herumzurühren, bis die Scheiße gefunden ist, die am aufdringlichsten stinkt. Nicht sehr staatstragend gedacht, doch auch Hauptkommissare geraten in Lebenskrisen. Seine Ehe ist schlecht, seine berufliche Karriere so gut wie abgeschlossen, was soll jetzt noch kommen außer dröges Dahin siechen?

Die Marx mustert ihn mitleidig. Er ist eben kein Typ, auf den Weiber fliegen. Kein männlich-herbes Aroma, keine dicke Brieftasche, kein Sex-Appeal... nichts von alledem, was Wolfgang Lucius wohl in reichem Maße besessen hatte. Nach Aussage der Witwe hatte er «keine Gelegenheit ausgelassen». Ob Emma Bartoli dies auch gewußt hat?

«Denken Sie etwa?»

Sie mag ihn, sonst würde sie nicht solche Fragen stellen. «Ich denke an Lucius und seine Weibergeschichten. Wundert es Sie, daß junge Schauspielerinnen auf Produzenten fliegen? Seine Frau hat das wohl weggesteckt, aber was ist mit Emma? Ihr Alibi ist dünn, sie hatte nach Berechnung der Todeszeit eine gute Chance, rechtzeitig in der Wohnung zu sein, sich von hinten anzuschleichen und ihm die Schlinge über den Kopf zu legen... Eifersucht ist ein so klassisches Motiv.»

«Das träfe dann aber auch auf jede seiner Frauen zu, nicht wahr?»

Hermes hat den Kopf auf die Hände gestützt und starrt auf Annas Busen. «Ach, es gibt noch ein paar andere Motive. Lucius war nicht gerade beliebt in der Branche. Ein knallhartes Kerlchen, das für lukrative Aufträge über Leichen ging. Angeblich hat er einer Reihe von Drehbuchautoren und Schauspielern die Gagen gedrückt und mit allen Tricks auf seine Geldvermehrung hingearbeitet. Ein Siegertyp... warum fliegen Frauen auf Siegertypen?»

Anna steht auf und sieht auf Hermes herab. «Weil Männer, die verlieren, so entsetzlich wehleidig sind.»

Gottlieb Hermes versucht ein Lächeln. «Ihr Wagen ist freigegeben. Soll ich ihn heute abend persönlich vorbeibringen?»

Sie überlegt kurz und nickt dann, bevor sie die Tür schließt. Was für ein strahlend schöner Tag, ein Hermes-Tag! Er wird jetzt nicht in die Kantine gehen und Eintopf essen, sondern im Park spazierengehen. Um über den Fall nachzudenken und dabei die Sonne zu sehen, die gelegentlich auch in Bonn scheint.

Anna legt den Aphorismus-Band aus der Hand: Sprüche und Widersprüche von Karl Kraus. Einer, der die Lust des Denkens der Qual des Lebens entgegensetzte. «Mögen Sie Kraus?» fragt Anna hinterhältig, und Emma nickt gleichgültig. Sie hat nicht gewütet, als Anna ihr die Zeitung mit ihrem Artikel über das Leben und Sterben von Wolfgang Lucius brachte. Sie hat Anna nur angesehen, den Artikel gelesen, die Zeitung weggelegt. Dann hantierte sie schweigend mit dem Teekessel, während Anna die Bücherwand inspizierte und Karl Kraus entdeckte.

Emma trinkt Tee mit zierlichen Schlucken, setzt die Tasse vorsichtig auf den Teller. «Ich wußte, daß Wolfgang kein netter Mensch war. Aber ich liebte ihn. Und das, was Sie über ihn schreiben, wird ihm nicht gerecht.»

Anna mag es nicht, wenn man ihre Artikel kritisiert. «Als ich nach Hause kam, habe ich Sie im Hausflur mit einem jungen Mann sprechen sehen. Ich hab ihn noch nie gesehen, ist er ein neuer Mieter?

«Sie sind unglaublich neugierig. Ich weiß nicht, ob ich Sie mag.» Emma nimmt den Kraus-Band vom Tisch und stellt ihn zurück ins Bücherregal. «Der junge Mann heißt Theo Roth. Er ist kein Mieter, sondern hütet die Wohnung seines Bruders, der in Amerika ist. Dr. Waldemar Roth, er wohnt im Parterre. Theo ist der arme Bruder, das ist sein Problem. Ich kenne ihn schon seit ein paar Jahren, und ich mag ihn, auch wenn er manchmal schwierig ist.»

Annas Kurzzeitgedächtnis funktioniert bisweilen: «Schreibt der junge Mann nicht Drehbücher und Ähnliches?»

Emmas Gesicht gefriert. «Wenn Sie ihn kennen, warum fragen Sie dann?»

Sie kennt ihn nicht, aber sie möchte ihn kennenlernen. Der Mann, der nach Annas Klingeln die Tür öffnet, entspricht keineswegs ihren Vorstellungen von einem verkannten Genie. Theo Roth sieht aus wie ein glücklicher Fleischkloß: mindestens hundert Kilogramm schwer, ein rundes, freundliches Gesicht und Augen, die Anna einladend anstrahlen. «Kommen Sie rein, kommen Sie rein», sagt er und watschelt vor ihr her in ein elegantes Wohnzimmer, das größer ist als Annas gesamte Wohnung. «Sie müssen die neugierige Journalistin sein, von der mir Emma erzählt hat. Setzen Sie sich. Möchten Sie was essen?»

Nein, sie will nichts essen, aber sie nimmt die Einladung zu einem Glas Bier an und sieht sich neugierig im Wohnzimmer um, während Theo Roth in der Küche verschwindet. Die hohen Wände sind fast vollständig bedeckt mit Büchern und Bildern. Unzählige Bücher, sie kann keine Kraus-Ausgaben entdecken, und bleibt vor einer Pinnwand mit Fotos stehen. Sie zeigen – in verschiedenen Lebensstadien – eine ältere und schmalere Ausgabe von Theo Roth. Anna findet diesen visuellen Lebenslauf pathetisch: ein ernster Junge mit Schultüte, ein stolzer Jüngling bei der Abiturfeier, Waldemar Roth als Soldat, ein inniges Foto der Brüder Roth, Dr. Waldemar Roth bei der Promotionsfeier, ein scheu lächelnder Mann auf einem Hochzeitsfoto . . .

Anna starrt auf die junge Braut, als Theo Roth mit Bierflaschen und Gläsern zurückkommt. «Emma hat mir nicht erzählt, daß sie mit Ihrem Bruder verheiratet war», sagt sie, während Theo sich von hinten nähert. Sie spürt seinen Atem im Nacken, es fühlt sich an wie ein Heißluftgebläse. Wartet sie darauf, daß er ihr ein Kabel um den Hals legt? Sie dreht sich abrupt um und stößt ihm beinahe das Bierglas aus der Hand. Kalter Schaum fließt über ihren Handrücken, und Theos freundliche Augen, von Speckfalten umbettet, sind wacher als je zuvor. «Die beiden sind seit fünf Jahren geschieden. Aber wir drei haben nach wie vor ein sehr freundschaftliches Verhältnis. Prost, liebe Frau Marx. Wollen Sie wirklich nichts essen?»

«Erzählen Sie mir von Ihrem Bruder?»

Theo Roth versinkt in einer weichen Ledercouch und sieht Anna amüsiert an. «Bei Dicken nimmt man nichts anderes wahr als Fett, nicht wahr? Ich habe meinen brillanten Geist eingebettet und vorzüglich getarnt. Mein Bruder hingegen kaschiert seine Unbeugsamkeit mit distanziertem Ernst. Er ist älter als ich, dünner und sehr viel reicher. Hat von einer Tante geerbt, die keine fetten Jungs mochte. Das enthob ihn der Notwendigkeit, Geld zu verdienen, während ich meinen Masochismus bei Funk und Fernsehen austobe.»

Anna trinkt Bier und denkt, daß Theo Roth ziemlich verrückt ist. Er lächelt unentwegt, während er spricht, und sie hat das merkwürdige Gefühl, daß er nicht nur zu ihr spricht. Er redet lauter, als notwendig wäre, und sieht an ihr vorbei... Anna dreht sich um: Da ist nur eine angelehnte Tür. Sie sieht Gespenster.

«Mein Bruder ist in Amerika.» Theo Roth kichert. «Er konnte es nicht ertragen, daß Wolfgang Lucius oben einzog, also hat er das Weite gesucht.»

«Und Sie konnten nicht ertragen, was Lucius aus Ihrer Idee gemacht hat!» Annas Stimme ist sanft und zittert ein bißchen.

Seine freundliche Maske verändert sich nicht, nur an seinen Händen, die sich um das Bierglas pressen, kann Anna erkennen, daß sie einen wunden Punkt berührt hat.

«Sie meinen ‹Die Wiege der Macht?› Na klar meinen Sie diese unendlich populäre Serie, mit der die Firma Lucius Millionen verdient hat. Wissen Sie, wieviel Wolfgang mir für die Idee gezahlt hat?»

Seine Stimme ist schrill geworden. Anna hält ihr Bierglas fest, für alle Fälle, und schüttelt vorsichtig den Kopf.

«Fünftausend Mark. Jawohl, Verehrteste, und weil ich gerade sehr knapp war, hab ich das Geld genommen. Und wissen Sie auch, warum? Weil er mir die Idee ohnehin gestohlen hätte. Wolfgang Lucius war ein Dieb. Er stahl Ideen, und er stahl Frauen und fand nichts dabei. Sein Lebensmotto war: Wer anderen keine Grube gräbt, fällt selbst hinein.»

«Karl Kraus. Der Spruch ist auch von ihm.» Anna hätte sich die Zunge abbeißen mögen, als sie Roths mörderischen Blick sieht. Die Stille, die auf ihren Einwurf folgt, wird von keinem Geräusch unterbrochen. Kein Wasserhahn tropft, kein Vogel zwitschert, und kein Telefon läutet. Theo Roth sieht Anna an, ein dünner Mann, der sich mit fettem Lächeln tarnt. Wenn es zu breit wird, wie jetzt, enthüllt es ein Haifisch-Gebiß.

«Ach, Sie haben die Briefe gelesen? Ich hab ihn damit ganz schön terrorisiert, den guten Wolfgang. Er wußte, daß sie von mir waren. Aber in einer Art Ganovenstolz ist er damit nicht zur Polizei gegangen.»

«Oder er meinte, daß Sie doch nicht Ernst machen.» Anna hat ihr Bierglas ausgetrunken und hält es nur noch fest, um im Ernstfall eine Verteidigungswaffe zur Hand zu haben. Theo Roth wirft seinen Kopf zurück und lacht gegen die Stuckdecke; sie kann nur seinen dicken Hals sehen, der fast übergangslos in speckige Schultern übergeht. Sie wartet auf das Ende seines Ausbruchs, hört irgendwo den Parkettboden knarren und hat zum zweiten Mal das Gefühl, nicht zu zweit zu sein in dieser Wohnung. Diese unbestimmte Angst erscheint ihr viel bedrohlicher als Theo Roth. Er sieht sie jetzt an, als wäre sie für die Notwendigkeit seiner Tarnung verantwortlich. «Ein Kopf, der nicht in jeder Lage einen aufnahmefähigen Hohlraum darstellt, hat es schwer in der Welt. Ich habe über Kraus promoviert, meine Liebe. Und ich habe Lucius nicht umgebracht, das wäre viel zu banal gewesen. Ich fand es viel befriedigender, ihn zu terrorisieren. Die Geschichte hat mich sogar zu einem Roman inspiriert.

Ein sehr interessantes Thema: Wie bringe ich es fertig, einen Menschen mit Worten umzubringen? Hat was von einem Bestseller, finden Sie nicht?»

«Sie könnten doch auch eine Ehegeschichte nehmen», murmelt Anna. Sie stellt ihr Bierglas zur Seite und steht hastig auf. «Wann kommt eigentlich Ihr Bruder zurück?»

Theo Roth schüttelt sich. Während Anna fasziniert seine schwingenden Massen betrachtet, hört sie ein Geräusch im Nebenraum. Es könnte eine Katze sein, denkt sie. Theo Roth könnte eine fette, kastrierte Siamkatze besitzen, oder? Er steht auf und bewegt sich auf Anna zu, den Zeigefinger auf ihr Herz gerichtet, Annas furchtsames Herz, dem sie ihr Leben lang zu viel zugemutet hat.

«EIGENTLICH ist das überflüssigste Wort der deutschen Sprache, das sollte eine Journalistin wissen. IST ES ERLAUBT, IM QUELL DER DEUTSCHEN SPRACHE EIN FUSSBAD ZU NEHMEN?»

Sein Zeigefinger zeigt auf Annas Herz, und er schiebt sie damit in Richtung der Tür. Sie bewegt ihre Füße vorsichtig rückwärts. Wenn ich stolpere und hinfliege, denkt Anna, wirft er sich auf mich drauf und erdrückt mich. Wäre das Totschlag? Sein Zeigefinger und ihre Angst bewegen Anna im Rückschritt zur Wohnungstür. Sein Stimmungswechsel ist so überraschend, daß Anna sehr dumm aussieht. Theo Roth schüttelt lächlend Annas Hand: «Hat mich sehr gefreut, Sie kennenzulernen. Leben Sie wohl, Anna Marx.» Er öffnet die Tür, und Anna stolpert hinaus. Er schlägt sie zu, und gleichzeitig hört sie eine andere Tür ins Schloß fallen. Die Fenster im Wohnzimmer waren geöffnet, es war sehr zugig in der Wohnung. Öffnen Katzen Türen...?

Das Haus in der Beethovenstraße wird an der Rückseite von einem kleinen Garten begrenzt, der den Mietern zur gemeinsamen Nutzung und Pflege zur Verfügung steht. Er ist über die Kellertreppe zu erreichen. Anna geht diesen Weg zum ersten Mal, schleicht wie ein unbegabter Pfadfinder in die städtische

Wildnis, für die sich offenbar keiner der Mieter verantwortlich fühlt. Neben einem üppig wuchernden Rosenstrauch liegt eine alte Waschmaschine, und unter dem Kastanienbaum steht eine mit Moos bewachsene Gartenbank. Sie steht günstig, und Anna schiebt sie vorsichtig in Richtung des Hauses, unter ein geöffnetes Fenster, dorthin, wo sie das Wohnzimmer von Dr. Waldemar Roth vermutet. Sie glaubt, Stimmen zu hören, und steigt auf die Bank. Sie hält sich mit beiden Händen am Fenstersims fest. Wenn sie auf den Zehenspitzen steht, erreicht sie die Höhe, um ins Wohnzimmer zu sehen. Sie sieht einen fetten Rücken im geblümten Hemd und hört eine Stimme sagen: «Du Idiot hättest sie gar nicht erst reinlassen dürfen.»

Anna reckt sich und sieht den Mann, der in Amerika sein sollte. Waldemar Roth sieht älter und dicker aus als auf dem Hochzeitsfoto, und seine Stimme klingt wütend.

«*Ich* habe doch nichts zu befürchten», erwidert Theo Roth. Annas Finger umklammern den Fenstersims. «Außerdem ist sie nur eine dumme Journalistin.»

«*Du bist verrückt*. Ich habe dein verdammtes Manuskript gelesen, da steht alles drin. Ich werde es vernichten, verstehst du...» Waldemar Roth geht einen drohenden Schritt auf seinen Bruder zu – und Anna Marx verliert auf dem moosigen Untergrund den Halt. In dem Versuch, wieder Fuß zu fassen, stößt sie die Bank um und schreit auf. Ihre Füße baumeln im Nichts, sie hängt am Fenstersims und sieht über sich die Gesichter der Brüder Roth... Anna stößt einen zweiten Schrei aus und läßt los.

Hermes zeigt auf die Diskette auf seinem Schreibtisch. «Er hat das Manuskript verbrannt, aber wir haben die Diskette gefunden. Steht alles drin in Roths Manuskript, ein wirklich bewegendes Werk über menschliche Irrungen. Sehr gut geschrieben, obgleich die emotionale Distanz fehlt.»

Anna sitzt auf seinem Besucherstuhl, den verstauchten Fuß auf einer Akte ruhend. «Ich würd es gerne lesen. Außerdem habe *ich* den Fall aufgeklärt.»

«Ist ja gut. Wenn Sie's keinem sagen, gebe ich Ihnen eine Kopie des Manuskriptes. Theo Roth hat seinen Bruder aus Amerika zurückgeholt, als Lucius bei Emma einzog. Ein Fall von lebenslänglicher Liebe, würde ich sagen: Waldemar Roth konnte ertragen, daß Emma getrennt von ihm lebte, aber nicht, daß ein neuer Mann in ihrer Nähe war. Und Theo, von seinem Plan besessen, Lucius zu vernichten, hat seinen Bruder aufgestachelt, bis der so verrückt wurde wie er. Waldemar hat ein Kabel vom Computer seines Bruders benutzt, um Lucius zu erwürgen. Und er wollte den Toten nicht in Emmas Wohnung lassen. Also hat er seinen Bruder geholt, und die beiden wollten die Leiche wegschaffen und irgendwo abladen. Bloß wurden sie auf der Straße gestört, und Theo schob Lucius in Panik in einen alten Jaguar, der unverschlossen dastand. Es war nicht persönlich gemeint.»

Anna balanciert ihren Fuß vorsichtig auf den Boden. «Hat Emma es gewußt?»

Gottlieb Hermes zuckt mit seinen schmalen Achseln. «Vielleicht. Aber ich gebe zu bedenken, daß sie Lucius geliebt hat. Weshalb sollte sie dann loyal zu dem Mann sein, der ihn umbrachte?»

Anna steht auf und greift nach ihrem Stock. «Frauen sind so. Manche jedenfalls. Manchmal. Und jetzt sagen Sie mir noch eines, Hermes: Wo bleibt der Triumph? Im Prinzip finde ich es nämlich ganz richtig, daß man einen Mann umbringt, der eine so gräßliche Serie auf die Menschheit losläßt und einen klugen Verrückten wie Theo betrügt.»

«Ungerechtigkeit muß sein, sonst kommt man zu keinem Ende.» Gottlieb Hermes reicht Anna seinen Arm, um sie zur Tür zu führen. «Da staunen Sie, was? Ich hab mir einen Kraus gekauft, um Theo besser zu verstehen und Ihnen zu imponieren.»

Anna humpelt an seinem Arm zur Tür. Achtzig Kilo sollten nicht so unsanft zur Erde fallen. Außerdem sollte sie Gottlieb Hermes entmutigen, statt zu sagen: «Ich finde gebildete Männer so unglaublich erotisch.»

Die Asylanten kommen

Das Dorf zählt einhundertsiebenundzwanzig Seelen, Tendenz abnehmend. Die jungen Leute ziehen weg, daran ändern auch die bunten Blumenkästen an den netten Häusern nichts, die Disko mit Neonreklame und die Verbindungsstraße zur Autobahn. Das Dorfleben ist abgrundtief langweilig, das wissen die verbliebenen Jugendlichen, die sich allabends in der Disko treffen, außer montags, da ist geschlossen. Die Alten haben es besser, auch wenn sie nicht darüber nachdenken. Sie müssen keine weitreichenden Entscheidungen mehr treffen. Im *Goldenen Hirschen* ist täglich geöffnet, und dort fließen Bier und Gespräche im breiten, gemütlichen Dialekt. Stoff gibt es immer zwischen den Gesprächspausen: die EG-Agrarpolitik, Kohl und Politik, die heutige Jugend, die Dorfskandale, meist sexueller Natur. Alles ist überschaubar und gewissermaßen ordentlich, die sozialen Strukturen transparent, der Dorftrottel gelitten, die Meinungen zu Gott und der Welt nur generationsbedingt variierend. So ist dieses Dorf, kein Klischee trifft daneben – bis hin zur italienischen Pizzastube, in der Mario Calutti nebst Clan das Funktionieren der multikulturellen Gesellschaft auf dem Lande repräsentiert.

Der Dorfdichter hat seinen Platz am Stammtisch gefunden, neben Bürgermeister, Gemeinderat, Pfarrer, Lehrer, Apotheker und Arzt. Der Stammtisch lenkt und kommentiert die Geschicke des Dorfes, so war es immer, und was immer war, kann nicht von Bösem sein. Man behält das Abnorme für sich oder flüstert darüber. Der Arzt hat ein Verhältnis mit seiner Sprechstundenhilfe, und die Tochter des Bürgermeisters ist unehelich schwanger, all das weiß man in diesem Dorf. Dieses Voneinander-Wissen bedeutet nicht nur Schmach, sondern auch Geborgenheit, eine Art kollektiver Selbstbefriedigung des Gewissens. Für alle Fälle gibt es immer noch die Beichte.

Das Dorf zählt einhundertsiebenundzwanzig katholische Seelen, den Pfarrer eingerechnet, und dreiundfünfzig Heiden. Die Bezeichnung ist ungenau, trifft jedoch das Dorfempfinden auf den Punkt. Heiden, das ist das Gegenteil von Heide, Scholle, Heimat. Heimat ist das Bewährte und Bekannte, das Liebgewonnene und Vertraute. Heimat ist das Stück, das mir gehört. Ganz zu schweigen von der prozentualen Bedrohung: Mein Gott, wer hat schon was gegen Mario Calutti einzuwenden, den netten Ausländer von nebenan?

Der ist in tiefster Seele treu,
Wer die Heimat liebt wie du.

Fontane, zitiert vom Dorfpoeten, eigentlich ein zugezogener Städter, doch sehr bemüht um Integration. *Was man von den dreiundfünfzig Asylanten nicht behaupten kann.* Zitat des Apothekers. Die Asylanten sind in der ehemaligen Schnapsbrennerei untergebracht, unter «menschenunwürdigen Bedingungen», wie der Pfarrer sagt. Das ist es ja. Man hat nichts gegen Ausländer, auch nicht, wenn sie dunkelhäutig sind, fast schwarz sogar. Es sind die menschenunwürdigen Bedingungen, unter denen diese Menschen hausen müssen, die Afrikaner, Rumänen und Jugoslawen. Eine Schnapsfabrik, man stelle sich die hygienischen Verhältnisse vor!

Der Bürgermeister hat sofort die politische Initiative ergriffen und ein Protestschreiben an den Landrat verfaßt. Die Antwort läßt auf sich warten und fällt erwartungsgemäß unbefriedigend aus. Der Landrat schreibt an seinen lieben Parteifreund, daß die Unterbringung der Asylanten nur vorübergehender Natur sei, wie vorübergehend, wisse er allerdings auch nicht zu sagen, und im übrigen sei sie auf Weisung der Landesregierung geschehen, also (unter uns gesagt, lieber Parteifreund) nicht auf seinen Mist gewachsen.

Es war sozusagen ein Überraschungscoup. Bauer Hinrich, dem die Gebäude gehören, tut jetzt so, als habe er nicht gewußt, zu welchem Zweck man seine Ex-Brennerei angemietet habe. «Der Hinrich wird sich seine Ruine gewiß vergolden lassen», sagt man am Stammtisch und schielt auf den Bauerntisch, wo sie in ihren klotzigen Schuhen hocken und bedächtig ihre Biergläser leeren. Der Hinrich hatte immer schon etwas Asoziales an sich. Seinem ersten Sohn soll er mit Schnaps getränkte Lappen zum Nuckeln gegeben haben, um ihn ruhig zu halten – und was ist daraus geworden? Der Dorftrottel. Die Frau des Bauern ist mit einem Vertreter durchgebrannt, auch diese Geschichte kennt man, sie hat das Dorf lange bewegt. Der zweite Sohn ist auch nicht ganz geraten, soll arbeitsscheu sein und sich rumtreiben. Das dörfliche Mitgefühl hielt sich in Grenzen, damals, als der Hinrich seine Schnapsbrennerei schließen mußte, nachdem ihm die Steuerfahndung auf den Leib gerückt war.

Jetzt macht er das große Geld auf Kosten des Dorfes, das ist Unrecht, so meinen sie alle. Manche denken es, manche sagen es, aber noch nicht laut, denn mit dem Hinrich war noch nie zu spaßen. Gut möglich, daß er aus schierer Bosheit und Geldgier gehandelt hat. Aus dem Gemeinderat dringen Gerüchte über horrende Summen, die der Hinrich für seine Bruchbude kassiert.

Der Pfarrer predigt Mitmenschlichkeit und Christenpflicht gegenüber ausländischen Mitbürgern. Was ja so nicht stimmt, wie man weiß, denn in der alten Brennerei hausen Asylanten. Die wollen zwar ran ans Eingemachte, aber ob sie das schaffen mit den neuen Ausländergesetzen, das steht auf einem ganz ganz anderen Blatt. Zum Schluß werden sie ja doch alle zurückgeschickt, meint der Apotheker und verflucht den «Hokuspokus auf Kosten der deutschen Bürger». «Da darf es einen doch nicht wundern, wenn nationale Hitzköpfe hier und da über die Stränge schlagen ...»

Die alte Schnapsbrennerei, in der die Asylanten hausen, liegt am äußersten Ende der Dorfstraße. Immer schon ein Schandfleck, ist sie jetzt so etwas wie eine Bedrohung geworden. Wer vorbeigeht, kann sie herumlungern sehen, die Asylanten. Haben ein altes Schnapsfaß zum Kartentisch umgewandelt, daneben brennt offenes Feuer. Das ist an sich schon gefährlich, so mit dem Feuer zu spielen. Und – die Frau des Apothekers wird nicht müde, es zu erzählen – sie entledigen sich ihrer Notdurft im Freien. Obwohl man dort doch chemische Toiletten aufgestellt habe, das weiß sie von der Frau des Bürgermeisters. Die Frau des Lehrers widerspricht ihr mit der Behauptung, daß diese Form der Notdurft in Afrika so üblich sei.

Muß man wissen, was in Afrika üblich ist? Hat man nicht genug am Hals mit den Männern und dem Geld und den Kindern, mit der kleinen Welt, die ihre unsichtbaren Mauern braucht? Außerdem stinkt es. Wenn der Wind aus östlicher Richtung kommt, riecht man im Dorf die Asylanten. Die dörfliche Gülle stinkt anders, es gibt eben diese und jene Scheiße, die eine nützlich und die andere unhygienisch. Da schwappt es hoch, das Riechen und Schmecken und Fühlen im Dorf. Der Bürgermeister beschwichtigt und verspricht, alle politischen Kanäle zu mobilisieren, aber auch er weiß, daß ihn der Asylanten-Skandal die nächste Wahl kosten wird.

Die Fremden bewegen sich nur gruppenweise durchs Dorf. Wenn das geschieht, halten Mütter ihre Kinderwagen fester, zählt der Besitzer des Dorfladens die Bananen in seiner Kiste, hängt Mario Calutti das Schild «Vorübergehend geschlossen» an die Tür seiner Pizzeria. Als ob die lesen könnten. Die können ja nicht mal deutsch. Und Geld haben sie auch keines, um sich eine Pizza zu kaufen. Hängen bloß rum und glotzen seine Tochter hungrig an.

Die Analphabeten aus Afrika bedrohen unseren Sozialstaat, zitiert der Apotheker den CDU-Politiker Lummer. Wenn sich einer von den Politikern jetzt blicken ließe im Dorf, der könnte sich auf was gefaßt machen. Doch der Landrat befindet sich auf einer Dienstreise in Asien, und außer dem Bauern Hinrich läßt sich auch sonst niemand sehen, den man verantwortlich machen könnte. Der Bürgermeister sieht betroffen aus, wenn der auch ein Opfer ist, dann soll einer die Politik verstehen. Scheißpolitik. Wenn die da oben sich nicht mehr um ihre Bürger kümmern, dann muß man ...

Man muß, so viel steht fest. Es liegt eine Hitze über dem Dorf, die sehr deutsch über den Seelen dampft. Im *Goldenen Hirschen* werden flammende Reden gehalten. Die Stimmung peitscht sich hoch, das merkt sogar der junge Pfarrer, der in letzter Zeit dazu neigt, den Stammtisch zu meiden. Im Bewußtsein der gesellschaftspolitischen Aufgaben der Kirche und in Anlehnung an das Klima predigt er seiner Gemeinde, von «schwülen Gefühlen» zu lassen. Er appelliert an Toleranz und Weltoffenheit und überfordert seine Zuhörer. *Herr vergibt ihnen, denn sie wissen, was sie tun.*

Nein, das war falsch, entsetzlich falsch ... Der Pfarrer wischt sich den Schweiß von der Stirn, er blickt auf sie hinab, seine Gemeinde, und er betet zu Gott, daß dieser ihm den rechten Weg weise, Unheil zu verhüten. Insbesondere fleht er darum, daß man die Asylanten schnell wegbringen möge, in ein anderes Quartier, schon um des lieben Friedens willen. Gott liebt all seine Kinder, doch er hat wohlgetan, sie weitläufig auf der Erde zu verteilen ... Mensch, er kennt doch seine Pappenheimer: Die steigern sich in eine kollektive Wut, die in einer Katastrophe enden kann. Besonders schlimm sind die Weiber, die klatschen und hetzen und das Feuer immer wieder neu entfachen. «Man kann seine Töchter ja nicht mehr allein auf die Straße lassen.» So und ähnlich reden sie, allen voran die Frau des Apothekers, deren häßliche Tochter gewiß niemand ... Herr vergib mir, ich bin auch nur ein Mensch ...

Als Pfarrer nur bedingt mit den sexuellen Phantasien der Frauen vertraut, ist ihm durchaus bewußt, was da an schwülen Gefühlen nach oben wabert. Er sieht sie mit glühenden Augen flüstern, und wenn er näher kommt, dann schweigen sie und meiden seine mahnenden Blicke. Aus den Annalen des Dorfes geht hervor, daß in längst vergangener Zeit Hexen verbrannt wurden. Die Zeit steht manchmal still.

Als Bauer Hinrichs Schäferhund vergiftet aufgefunden wird, ist die Dorfmeinung geteilt. Keiner sagt laut, daß es dem Hinrich recht geschehen ist, doch viele denken, daß es wohl nicht die Asylanten waren. Obwohl's so gut gepaßt hätte, man wartet doch darauf, daß was passiert. Gehen sie nicht immer dreister über die Dorfstraße und in den Laden, um Schnaps zu kaufen? Woher haben sie das Geld? Neger mit Lederjacken und Transistorradios sind kein Anblick, den ein deutscher Steuerzahler klaglos ertragen kann. Die Subventionen werden hier gekürzt und dort gestrichen, die Bauern gehen vor die Hunde – und die Fremden gehen immer dreister durchs Dorf. Die Frauen haben Angst, und die Männer haben Wut. Die Zeit ist reif.

Hinrichs Sohn, der sich die Haare kurzscheren ließ, erzählt in der Disko, daß die Ausländer an allem schuld sind. Woran? Na, an dem Tod des Schäferhundes beispielsweise. Die mögen keine Hunde, die Ausländer. Rumänen und Jugoslawen sind sowieso Verbrecher und potentielle Mörder. Neger sind scharf auf deutsche Frauen. So was weiß man eben, das muß man nicht groß erklären. Auf den Vorhalt, daß der alte Hinrich denen Quartier gemacht hat, gibt er zu, daß sein Vater das größte Arschloch von allen sei. Sein Bruder, der Dorftrottel, grinst zustimmend. Die Mädchen kichern, aber sie sind nicht sonderlich beeindruckt von den Reden der jungen Männer. Ist doch wenigstens was los im Dorf, seit die Typen hier sind. Einige sehen gar nicht übel aus. Und überhaupt hat der Pfarrer gesagt, daß alle Menschen gleich sind. Irgendwie.

Die Asylanten sind nicht alle gleich, das wissen sie nicht erst, seit sie in drangvoller Enge nebeneinander, miteinander leben. Die Rumänen können sich erstens mit den Jugoslawen nicht verständigen und beanspruchen zweitens die Führungsrolle. Die Jugoslawen sind untereinander zerstritten, es gibt ständig Schlägereien, die auf dem Hof der Brennerei ausgetragen werden, der von der Straße nicht einsehbar ist. Die Afrikaner – aus Mosambik, Ghana und Somalia – sprechen verschiedene Sprachen, warum sollte die Hautfarbe verbinden? Wenn es überhaupt eine Gemeinsamkeit gibt, dann die Wut über den Scheißfraß, den man ihnen vorsetzt, das lächerliche Taschengeld, das nie für Schnaps und Zigaretten und Spielschulden reicht, die elende Frustration des Wartens.

Man wartet auf das Essen, den Sozialarbeiter, auf amtliche Bescheide, auf die Nacht. Man spielt Fußball, Karten, hängt vor der Glotze, streitet und prügelt sich. Man geht durchs Dorf und spürt Blicke im Rücken. Man gafft die Mädchen an, die sich kichernd wegdrehen. Das Klima ist kalt zu jeder Jahreszeit. Die Zeit ist ein Feind. Warten und hoffen macht müde und aggressiv. Letzte Woche sind zwei Rumänen nach Frankfurt abgehauen, um in der Szene unterzutauchen. Sie wollen Geld verdienen, egal wie. Viele in der Schnapsfabrik sehen das ähnlich. Der Lehrer aus Mosambik schreibt Briefe, die vielleicht nie ankommen.

Jeder hat seine Geschichte, die er den Übersetzern erzählt. Sie gleichen einander, die Geschichten von politischer Unterdrükkung, Verfolgung, Krieg, Angst und Flucht. Wahrheit oder Lüge verschwimmen in der Gleichförmigkeit der Fragen, in der Kollektivierung von Schicksalen, in der Bedrohung von Abschiebung und Niederlage. Wenn überhaupt, dann will niemand mit leeren Händen zurückgehen. Armut ist auch Krieg, aber was wissen die weißen Maden davon, die im Speck leben? Davids Familie hat alles an Bargeld zusammengekratzt, um ihn nach Deutschland zu schaffen. Jetzt warten sie in Yamfo darauf, daß er mit Geld und Geschenken wiederkehrt, irgendwann. Soll er den Leuten hier etwa diese armselige Story erzählen? Eins ist jedenfalls klar: In diesem beschissenen Dorf wird er nicht bleiben, hier läßt sich keine Kohle verdienen, hier gucken sie ihn an, als sei er ein Monster. Sie sind Bauern wie zu Hause in Yamfo. Nur ist dieses Dorf so viel stiller: kein Leben, keine Musik außer in der Disko, die wegen Überfüllung geschlossen war, als er reinwollte. Eben ein Scheißdorf mit Scheißleuten, die Welt ist voll von ihnen, und sie alle denken, sie seien etwas Besonderes. So wie dieser Lehrer aus Mosambik sich einbildet, was Besseres zu sein, weil er Bücher liest und Briefe schreibt. So einer wie der provoziert die anderen, es wird Ärger geben, das sagen ihm die heiligen Krokodile aus Yamfo. David hofft, daß sie ihn beschützen mögen trotz der Entfernung.

Der Pfarrer betet, während Bauer Hinrichs Scheune brennt. Der Pfarrer kann es nicht gewesen sein, so viel steht fest. Die Nachbarn stehen vor den verkohlten Resten einer Scheune und murmeln «Brandstiftung». Hinrichs Sohn spricht aus, was sie alle denken, nämlich daß es einer von denen war. Asylanten und Brandstifter, diese Verbindung drängt sich doch auf. Man spricht den Bauern darauf an, aber Hinrich, mit schwarzem, grimmigem Gesicht, stößt mit dem Stiefel in die Glut und wendet sich ab.

«Er sollte den Mietvertrag kündigen, der bringt ihm kein Glück», sagt einer von den Gaffern laut genug für Hinrichs Ohren. Die Umstehenden nicken bedächtig, jeder weiß, welcher Mietvertrag gemeint ist. Der Hinrich spricht mit dem Einsatzleiter der Feuerwehr, die mit Getöse anrückte, als es schon zu spät war. Jetzt werden Spuren gesichert, wie der Einsatzleiter dem Geschädigten erklärt. «Das sieht doch ein Blinder, daß es Brandstiftung war», sagt Hinrich und blickt wütend in die Runde der Gaffer. Ein paar Schritte weiter steht sein Sohn, zwei Söhne hat er, und der eine ist ein Trottel und der andere ein Idiot. Hinrich fragt sich, wo seine Söhne waren, als die Scheune zu brennen begann. Er wird sie sich später vornehmen, wenn die Gaffer weg sind. Jetzt hört er seinen Sohn brüllen: «Das waren diese Asylantenschweine. Jetzt machen wir sie alle, Leute. Die zünden hier nichts mehr an. DIE NICHT...»

Hinrichs Scheune liegt in Glut und Asche, und sein Sohn deutet mit einer Handbewegung die Marschrichtung an: die alte Schnapsfabrik. Die Masse der Gaffer teilt seinen Tatendrang, nur ein paar treten zurück, unauffällig, fast verlegen. Einige rufen: «Jawohl, das ist die einzige Sprache, die die verstehen.» Der

Satz zündet, auch wenn sich noch niemand von der Stelle bewegt hat; alle sehen auf den jungen Hinrich, der neben seinem Bruder, dem Dorftrottel, steht, die geballte Faust gegen den Himmel gerichtet... oder sind die Finger gestreckt? «Zahn um Zahn», ruft er, diesen Satz versteht jeder in diesem Dorf.

Der alte Hinrich, der jetzt wütend auf seinen Sohn zustapft, hat nie viel von der Bibel gehalten und auch nicht von seinem Sohn. Die Menge weicht zurück, mit dem Alten ist nicht gut Kirschenessen, der Alte schlägt zu, wenn man sich ihm in den Weg stellt.

«Halts Maul, du Idiot, und komm ins Haus.» Hinrich hat seinen Sohn am Kragen gepackt und schiebt ihn vor sich her, der Dorftrottel folgt ihnen erschreckt, und die anderen machen zögernd den Weg frei. Dies ist eine Familienangelegenheit, in die mischt man sich nicht ein, das ist ungeschriebenes Gesetz im Dorf. Der Abgang wird von bösem Gemurmel begleitet, doch nun, da keiner mehr vorschreit und vorprescht, ist die Luft raus. Man beißt die Zähne zusammen und zieht sich ungeordnet zurück in den *Goldenen Hirschen* oder in die Häuser mit den netten Blumenkästen.

«Ein Sieg der Vernunft über die Gefühle», wie es der Dorfpoet später am Stammtisch formuliert. Der Pfarrer sendet ein Stoßgebet zum Himmel, während der Apotheker zutiefst bedauert, das Spektakel versäumt zu haben. Mit dem jungen Hinrich als Anführer, das mußte ja schiefgehen. Aktionen zur Rettung des Dorfes bedürfen der Umsicht eines erfahrenen Kämpfers. Man wurde nicht umsonst ausgezeichnet im letzten Krieg, in einer Zeit, als es noch Werte gab, für die man zu kämpfen und sterben bereit war, nicht diese große Stumpfheit und Leere, die Politik der Feigheit und den Ärger mit den Krankenkassen. Würde seine Existenz nicht an einem kleinen Dorf hängen, längst hätte er sich wieder politisch engagiert. Die Transparenz dieses Ortes und die anzüglichen Bemerkungen des Briefträgers haben ihn sogar dazu gebracht, in einem Akt spontaner Feigheit die *Nationalzeitung* abzubestellen.

Der Pfarrer bittet die Stammtischrunde, für seine Kollekte zugunsten bosnischer Waisenkinder zu spenden. Er hat damit gewartet, bis der Alkohol die Seelen milder stimmt. Der Gemeinschaftsdruck tut ein Übriges, und als der Apotheker mit einem 100-Mark-Schein die Runde eröffnet, liegt alsbald eine erfreuliche Summe auf dem schweren Eichentisch. Der Pfarrer erzählt von dem Elend der bosnischen Kinder, und die Stimmung ist beinahe sentimental, als Hinrich ins Gastzimmer kommt, die leibhaftige Erinnerung an die dunklen Schatten, die über dem Dorf liegen. Da verstummen Gespräche, kommen rachsüchtige Gedanken auf. Hinrich steht an der Theke, er setzt sich nicht zu den anderen, groß und provozierend steht er da, als wären sie schuld, sie alle. Das mögen sie nicht, und sie erinnern sich, daß der Hinrich schon immer gegen das Dorf gehandelt hat, auch damals, als der Golfplatz gebaut werden sollte und er sich weigerte, seine brachliegenden Äcker zu verkaufen. Der Hinrich, der seine Söhne schlägt und seine Frau aus dem Haus trieb. Der Hinrich, der für Judaslohn das Dorf verraten hat.

«Wird ein heißer Sommer, Hinrich», sagt einer der Bauern. «Mir sind ein paar Hühner weggekommen, und du weißt schon wohin...»

Hinrich schweigt.

«Die kochen mit offenem Feuer. Paß bloß auf, daß dir nicht alles niederbrennt, Hinrich.» Das war der Apotheker. Die anderen lachen, bis auf den Pfarrer und den Angesprochenen. Steht immer noch da wie einer, den die Herde ausgestoßen hat und der auch noch stolz drauf ist.

Der Dorfpolizist beschließt, nichts zu sehen und nichts zu hören und in Ruhe sein Bier zu trinken. Als Vertreter der Staatsgewalt würde er seine private Meinung nicht öffentlich kundtun, aber auch er glaubt, daß ohne die Asylanten wieder Ruhe und Ordnung einkehren würden. Und dafür ist er schließlich zuständig.

«Ihr werdet euch noch wundern, ihr Brandstifter», sagt der Hinrich jetzt und legt ein Geldstück auf die Theke. Ganz still ist es im Gastraum, bis der Pfarrer sagt: «Ich muß mich gegen diese ungeheure Anschuldigung verwahren, Hinrich; du kannst doch nicht einfach...»

Er hat sein Bier ausgetrunken, in einem Schluck, und jetzt geht er zur Tür. «Ich kann schon was machen», sagt er bedeutungsvoll, bevor er die Tür lautstark hinter sich zuschlägt.

Was meint er damit wieder? Auf die Stille seines Auftritts folgen wildes Stimmengewirr und allgemeine Verwirrung. Dies macht durstig, und das Löschen des Durstes wiederum setzt Phantasie frei. Nur die Bedächtigsten unter ihnen meinen, daß der Hinrich einfach übergeschnappt sei, wie der Sohn, so der Vater. Andere glauben, daß er jetzt hingeht und seine Schnapsfabrik anzündet, damit der Spuk ein Ende hat.

Es ist Samstag abend, kurz nach 20 Uhr. Im *Goldenen Hirschen* wird heftig spekuliert, während andere ahnunglos bei *Mario* sitzen und Pizza essen, die Frauen ihre Kinder zu Bett bringen und die Dorfjugend sich in der Disko versammelt. Es ist ein kühler Sommerabend. Die Frau des Apothekers zieht die Gardine zur Seite, als sie Hinrich vorbeifahren sieht mit seinem japanischen Auto. Er fährt zu seinem Hof, aber das kann sie nicht mehr sehen. Dort geht er in den Keller und wuchtet ein gewaltiges Faß die Treppe hoch und in seinen Wagen. Er fährt zur alten Schnapsfabrik.

Um 22.45 Uhr, als im *Goldenen Hirschen* die Kellnerin gähnt und die letzten Bestellungen aufnimmt, vernehmen die Trinker in der Gaststube einen gewaltigen Lärm. Gejohle und Geschrei hören sie, es klingt fremd, und dann geht die Tür auf, und sie sehen zum ersten Mal den Gegenstand ihres kollektiven Zorns vor sich, nein, die Gegenstände, es sind ja mehrere, unzählige... Ausländer, die Asylanten. Sie sind, die deutschen Gäste merken es sofort, sturzbetrunken.

Es sind auch Schwarze unter den Asylanten, aber vor allem sind sie blau, betrunken und außer Rand und Band. Sie stürmen in die Gaststube und grölen unverständliches Zeug. «BIER».

Dies Wort ist verständlich. Sie schreien nach Bier, einer umarmt die Kellnerin, die vor Schreck ihr Tablett fallenläßt. Andere setzen sich, man stelle sich vor, auf die freien Plätze am Stammtisch.

Eine Invasion! Es sind nicht mehr viele Dorfbewohner im *Goldenen Hirschen,* vielleicht zwölf, unter ihnen der Apotheker. Und mindestens dreißig Ausländer. Sternhagelvoll. Sie schreien nach Bier, und der Wirt sagt «Schmeißt sie raus», doch seine Gäste, seine deutschen Gäste, sind nach dem vielen Reden und Trinken einfach nicht mehr in der Lage, angemessen auf diese ungeheuerliche Situation zu reagieren. Außerdem sind sie eindeutig in der Minderzahl und obendrein Familienväter mit Verantwortung. Der Pfarrer ist bereits gegangen. Vielleicht hätte er gewußt, was in dieser Situation zu tun sei. Seine Schafe wissen es nicht, stumm vor Entsetzen sehen sie zu, wie sich die Ausländer am Bierhahn selbst bedienen, wie einige anfangen zu tanzen und andere in unverständlichen Worten das Gespräch suchen. Wer es schafft, sucht das Weite, einfach so, ohne zu bezahlen, während der Wirt hinter der Theke Deckung sucht. Den Apotheker haben sie umzingelt. «We are all brothers», sagt ein Somali zu ihm und legt ihm den Arm auf die Schulter, eine Geste, die seinem weißen Bruder Schauer über den Rücken jagt. Er ist umzingelt und ein erfahrener Kämpfer, deshalb lächelt er und nickt, während der Wirt versucht, den Dorfpolizisten zu erreichen, bis einer seiner ungebetenen Gäste unter großem Gelächter die Telefonschnur durchschneidet.

«We are brothers», grölen sie auf der Straße, glücklich und betrunken und auch hungrig. Deshalb besetzt ein Teil von ihnen Marios Pizzastube, während die Unternehmungslustigsten die Disko stürmen, wo es alsbald zu einer Schlägerei kommt, die alle Dorfschlägereien der letzten zehn Jahre in den Schatten stellt. Wäre Hinrichs Sohn dagewesen, vielleicht hätte er seine Kameraden mit Durchhalteparolen anstacheln können; so tritt die Dorfjugend alsbald feige und geschlossen den Rückzug an. Manche vergessen sogar, die Mädels mitzunehmen, die hinter Bänken Deckung gesucht haben. Was bleibt ihnen übrig, den Mädchen, als mit den Besatzern zu kollaborieren? Als die Polizei in der Disko eintrifft, findet sie eine gemischte Gesellschaft vor, die zu ohrenbetäubender Musik tanzt.

Die «Besetzung des Dorfes», wie das Ereignis später genannt wird, dauerte exakt zweiundneunzig Minuten. Eine Reihe von Mißverständnissen verzögerte das Eintreffen der Ordnungshüter. So hatte die Frau des Apothekers am Telefon von einer «Invasion» gestammelt und war von dem Polizisten des Nachbarortes nicht ernst genommen worden. Erst als ihr Mann den «Aufständischen» entkommen war und mit akademischer Präzision das Ungeheuerliche schilderte, war ein Polizeiauto des Nachbarortes ausgerückt. Die beiden Polizisten wiederum zogen es vor, Verstärkung anzufordern, bevor sie in das Geschehen eingriffen.

«Die Bürger haben sich in ihren Häusern verschanzt», meldeten sie an die Zentrale, als sie geschlossen vorrückten, um im *Goldenen Hirschen*, in Marios Pizzastube und in der Disko das Geschehen unter Kontrolle zu bringen. Hier und da kam es zu Übergriffen, die als «Widerstand gegen die Staatsgewalt» in die Polizeiakten eingingen. Der Einsatzleiter sprach von einem hohen Maß an «Intoxikation» und «Verwüstungen geringeren Ausmaßes». Allerdings mußte er sich, nachdem die Übeltäter in Polizeiwagen verfrachtet waren, vor der aufgebrachten Menge der Dorfbewohner in Sicherheit bringen, die die Ordnungshüter als «Penner» beschimpften. «Das Dorf war in der Gewalt von Ausländern», schrie der Apotheker und geriet dermaßen in Rage, daß man ihn ebenfalls in den Polizeiwagen verfrachtete, wo er unter Gejohle von seinen Brüdern empfangen wurde. Die Gattin erlitt einen Schwächeanfall, während ihre Tochter, die in der Disko geblieben war, von einer «supergeilen Nacht» sprach. Keines der Mädels war vergewaltigt worden, wie sie später aussagten. Der Sachschaden war geringfügig, nur der Schaden, den das Dorf genommen hatte, ließ sich juristisch nicht ahnden und führte zu schmerzlichen Diskussionen über die Ohnmacht des

Rechtsstaates, die Schutzlosigkeit der Bürger, die lasche Polizei und das Asylantenproblem im allgemeinen und besonderen.

Der Apotheker sprach von «verletzter deutscher Ehre», lange nachdem man die Asylanten an einen anderen Ort gebracht hatte. Im Zuge ihrer Ermittlungen hatte die Polizei ein leeres Schnapsfaß gefunden, dessen Herkunft nicht geklärt werden konnte. Bauer Hinrich, dazu befragt, erklärte, daß es wohl in der alten Schnapsfabrik vergessen und von den Bewohnern gefunden worden sei. Dieses Schnapsfaß, so schloß die Polizei, war der «Ausgangspunkt der Exzesse jener Nacht». Sie wurden von der überregionalen Presse aufgegriffen und führten zu einer Invasion von Journalisten, die die Dorfbewohner intensiv nach der «Terrornacht» befragten. Leider gab es auch einige unverschämte Kommentare. Besonders niederträchtig war die Behauptung Hinrichs vor laufenden Kameras, daß die Dorfbewohner sich allesamt verkrochen hätten, als die Asylanten kamen. «Die wollten sich ja bloß einen schönen Abend machen», sagte Hinrich grinsend, und der Pfarrer sprach gar von einem «multikulturellen Ereignis im Dorf».

Der Bürgermeister wurde nicht wiedergewählt, obwohl er nicht müde wurde, darauf hinzuweisen, daß mit «der Verbringung der Asylanten» doch nun alles wieder sei wie zuvor. Es stimmt so nicht, das spürt jeder im Dorf. Wut und Empörung sind einem Gefühl gewichen, das niemand genau definieren möchte. Am liebsten möchte man gar nicht mehr darüber sprechen. Nur der Hinrich, wenn er einen zuviel getrunken hat, reizt die Stammtischrunde mit dem Aufschrei «Die Asylanten kommen!» Wenn sie zusammenzucken, beginnt er schallend zu lachen. Eines Tages, soviel steht fest, wird man dem Hinrich seine Schnapsfabrik anzünden. Damit er still ist.

Monopoly

Frauen sollten nicht klagen. Sie wünschen sich ein glückliches und erfülltes Leben. Sie erlernen einen Beruf, sie heiraten, bringen Kinder zur Welt, arbeiten, organisieren Haushalt und Kinder, sind im Besitz von Ehemännern. Sie haben alles, nicht wahr?

Auch den Zweitwagen: Amelie fährt den kleinen Japaner, der Platz bietet für die Zwillinge in ihren Kindersitzen, für Kinderwagen und Einkaufstüten, und sie parkt ihren Zweitwagen vor der Garage, in der Freds Mercedes steht. Amelie hat ihren Platz im Leben gefunden. Das Reihenhaus steht im Grünen, der kleine Garten erfüllt sie mit Stolz. Sie arbeitet halbtags in einem Kinderbuchladen. Sie liefert die Zweijährigen bei Frau Wehner ab, wenn sie in den Laden geht. Was sie dort verdient, deckt die Kosten für die Tagesmutter. Frauen sollten auch im Berufsleben ihren Mann stehen. Sagt Fred, und sie ist ihm dankbar für sein Verständnis. Meistens ist sie dankbar, nur manchmal etwas erschöpft oder gereizt. Die Zwillinge sind bisweilen anstrengend, geräuschvolle Kletten an Amelies Jeans: Mama hier und Mama dort, Mama ich will, will nicht...

«Was gibt's denn heute zu essen, Mama?» fragt Fred, wenn er sie aus dem Ministerium anruft, und es kommt vor, daß sie dankbar ist, wenn er vom Büro direkt in den Tennisklub fährt. Sie haßt es, wenn er Mama zu ihr sagt, als ob diese biologische Tatsache sie auf eine Rolle im Leben reduzieren würde. Mamas sind irgendwie unerotisch, uninteressant, unheimlich beschäftigt.

Sie ist eine gute Mutter, o ja. Mütter lieben ihre Kinder. Sie schenken ihnen viel mehr von ihrer Zeit, als Väter dies tun. Väter haben in der Regel keine Halbtagsjobs, sie spielen Tennis oder Squash und halten sich fit für ihre Frauen oder andere Frauen. Amelie liebt Fred und ist überzeugt von seiner Treue. In ihrem erfüllten Leben ist ohnehin kein Platz für unnötige Gedanken. Nur manchmal, wenn sie sehr gereizt ist, wenn sie in der Küche steht und die Bernaise mißlingt, weil die Zwillinge den Vasenschrank ausgeräumt haben und an dem Klirren kollidierender Gläser Gefallen finden... dann meint Fred, daß Amelie die Sache doch nicht ganz im Griff hat. Außerdem hat Amelie mal wieder vergessen, den Wein kaltzustellen.

«Du mußt mal raus aus deinem Trott», sagt Fred und plant den Familienurlaub. Ein Haus soll es diesmal sein. Der letzte Hotelurlaub in Italien war doch ziemlich anstrengend, mit den Kindern, die schrien, den dünnen Wänden und den intoleranten Hotelgästen. Diesmal soll es ein Haus sein, und Fred schlägt vor, es mit einem befreundeten Ehepaar zu teilen, um die Kosten zu senken.

Amelie denkt an die Bertholds, weil sie doch auch zwei kleine Kinder haben, aber Fred spricht Albert und Beate Mahler an, ein Ehepaar aus seinem Tennisklub, jünger, dynamischer, kinderlos. «Beate wird dir zur Hand gehen», sagt Fred, «sie ist eine patente Person.» Ein gemeinsames Abendessen bei den Mahlers besiegelt den Urlaubspakt. Amelie ist beeindruckt von der makellosen Wohnung, dem Organisationstalent der Hausfrau, dem Charme des Hausherrn. Auf der Heimfahrt weint sie und erklärt es damit, urlaubsreif zu sein.

Amelie, Fred und die Zwillinge, Beate und Albert fahren mit zwei Autos in ihr Haus in der Normandie. Es liegt unweit von Honfleur, einem malerischen Künstlerstädtchen mit Panoramablick auf die Ölraffinerien von Le Havre.

«Das Licht ist zauberhaft», sagt Beate, die sich das größte Schlafzimmer im Haus ausgesucht hat. Sie arbeitet in einer Galerie, ganztags, und spricht viel von Kunst. Albert ist Journalist und spricht viel von Politik. Die Zwillinge schreien, während Beate auspackt. Sie wollen an den Strand. Zwischen Haus und Strand liegt die Straße, eine stark befahrene Straße, über die kleine, französische Autos mit überhöhter Geschwindigkeit flitzen. Das Haus ist groß und geräumig, ein wenig lieblos eingerichtet, eben ein Feriendomizil, das an Fremde vermietet wird.

Die Fremden richten sich ein für zwei Wochen. Fred und Albert haben sich bereit erklärt, einzukaufen. Beate pflückt im Garten Blumen, um das Haus wohnlicher zu gestalten. Amelie füttert die Zwillinge, die gereizt sind wie zwei kleine Katzen, die man aus ihren Nestern geworfen hat.

Amelie ist todmüde, als die Mädchen endlich schlafen und man gemeinsam am großen Tisch in der Küche sitzt, bei Baguettes und Käse und Weißwein. Sie ist so müde, daß Beates kunstvolles Geplauder an ihr vorbeifließt, ebenso das Fachgespräch über Wein, das Albert und Fred führen. Sie möchte schlafen, als Fred im fremden Bett sein Vorspiel beginnt, und sie schläft ein, als er ihr seine kleinen Obszönitäten ins Ohr flüstert, die den Hauptgang einleiten. Nebenan hört Fred das Quietschen eines fremden Bettes. Er ist betrunken, ärgerlich, ein wenig neidisch. Er kann nicht einschlafen, und beinahe freut es ihn, als er eine seiner Töchter schreien hört. Er weckt Amelie, die ihn erst haßerfüllt ansieht, dann jedoch in mütterlicher Effizienz auf das Schreien reagiert. Sie tröstet die Zwillinge, bringt ihnen Fläschchen mit Tee, wacht an ihrem Bett, bis sie wieder eingeschlafen sind. «Ich kann das nicht so gut wie du», sagt Fred, als sie zurück ins Bett kriecht. Dann kann er endlich einschlafen.

Beate ist entzückt über die perfekte Küche ihres Ferienhauses, insbesonders den Gasherd, vor dem sie abends steht und köstliche Gerichte zaubert. Beate ist inspiriert von asiatischer Küche, und die offene Flamme ermöglicht jenes kurze, scharfe Anbraten von Fleisch oder Fisch, das für asiatische Kochkunst unabdingbar ist. Beate weiß solche Dinge. Sie ist, wie Fred es formuliert, ein weltoffener Mensch mit einer Vielzahl von Interessen. Nur die Kinder müssen aus der Küche ferngehalten werden, wenn Beate kocht. Sie fühlt sich schnell gestört und gibt dies auch offen zu. Die Mahlers haben sich bewußt gegen Kinder entschieden, aus «gräßlichem Egoismus», wie sie sagen. Albert fügt hinzu, daß dies keine Welt für Kinder sei. Albert ist Journalist und mit der Weltpolitik bestens vertraut.

Natürlich findet Beate die Zwillinge entzückend, aber eben nicht immer, nicht beim Kochen, nicht beim Essen, nicht beim Sonnenbaden, wenn sie ihr Sand ins Gesicht streuen, oder beim Spazierengehen, wenn sie hinfallen und schreien. Beate sagt dann: «Ich bewundere dich, Amelie, wie du das hinkriegst.»

Beate schläft gerne lange, deshalb bereitet Amelie das Frühstück, nachdem sie die Zwillinge angezogen und gefüttert hat. Amelie räumt den Geschirrspülautomaten ein und aus. Sie hat die Wäsche und das Staubsaugen übernommen, während Beate für das Abendessen und die Tischdekoration zuständig ist. Die Männer kaufen ein. Die Zwillinge toben, weil sie an den Strand wollen. Draußen scheint die Sonne. Urlaub, die schönste Zeit des Jahres, gräbt Spuren der Enttäuschung in Amelies Gesicht, trotz der sanften Bräune.

Wenn die drei von ihren Einkaufstouren aus Honfleur zurückkommen, wo Beate wiederholt «begabte Impressionisten» auftut, ziehen die glücklichen Familien an den Strand, wo immer der Wind weht und der Atlantik seine kalten Wellen in den gelbbraunen Sand spült. Amelie hat Angst, daß die Kinder sich erkälten oder einen Sonnenbrand bekommen. Sie verbreitet jene mütterliche Hektik, die kinderlose Menschen nervt, und manchmal entfliehen Fred und Albert und Beate auf den nahegelegenen Tennisplatz, um sich sportlich auszutoben. Natürlich fragen sie Amelie, ob sie mitkommen möchte, aber Amelie muß die Zwillinge ins Bett bringen und ihren Mittagsschlaf bewachen. Dann sagt Beate: «Ich bewundere dich, Amelie. Du bist so selbstlos.»

Monet war von dem wechselndem Licht, das der Himmel über Honfleur zaubert, inspiriert. Amelie dankt dem Himmel, wenn es dunkel wird, die Zwillinge müde ins Bett fallen und Beate das Abendessen bereitet. Auch wenn sie eine gewisse Abneigung gegen gewisse Fische hegt, muß sie doch das stilvolle Ambiente bewundern, das Beate mit ihren Essen zaubert. Fred und Albert sprechen über Wein, sie alle trinken reichlich Wein, weil das zu entspannten Urlaubsabenden einfach dazugehört. Beate spricht über Impressionisten, und Amelie dämmert trunkener Müdigkeit entgegen. Niemand interessiert sich für Kinderbücher, auch wenn Beate sagt, daß dies sicher ein sehr interessanter Job sei.

Gelegentlich, wenn die Themen erschöpft sind, spielen sie Monopoly. Amelie verliert meistens, weil sie, wie Fred sagt, «nicht den richtigen Biß hat». Wenn sie ihn dann böse ansieht, drückt er ihr einen Kuß auf die Wange. Denn er liebt sie natürlich, die Mutter seiner Kinder, die Frau, die er einmal so begehrt hat, daß er sein Leben mit ihr verbringen wollte. Was sollte Monopoly da für eine Rolle spielen, oder ein gewisses Desinteresse für Dinge, die ihm wichtig sind? Amelie ist nun mal nicht sportlich und interessiert sich weder für Kunst noch für politische Fragen, die jenseits ihrer Erfahrungswelt liegen. Sie trinkt Wein, ohne sich für die Philosophie des Weintrinkens zu begeistern. Sie ist nicht so dynamsich oder attraktiv wie Beate, dafür allemal sanfter, weniger anstrengend, netter vielleicht. Wenn sie bloß nicht immer einschlafen würde, bevor er auf Touren kommt. Seit die Kinder da sind, fühlt sich Fred sexuell vernachlässigt, um nicht zu sagen aufs Abstellgleis geschoben. Eine Frau, die beim Vorspiel einschläft, darf sich nicht wundern, wenn...

Degenhardt hat dieses schöne Lied geschrieben von Monopoly, Ehebruch und bösem Ende. Amelie kennt es nicht, doch sie spielt Monopoly und verliert. Fred hat ein Hotel in der Schloßallee gekauft, sie hat die Schloßallee gewürfelt und weiß, daß sie den Preis nicht bezahlen kann. Amelie ist wütend, das Gefühl steht in keinem Verhältnis zum Anlaß, aber darüber denkt sie jetzt nicht nach. Amelie mißtraut ihren Gefühlen, und sie hat es immer vorgezogen, auf die Erwartungen anderer zu reagieren, sich im Rahmen des geringsten Widerstandes zu bewegen und zu verdrängen, was sie traurig machen könnte. Sie ist doch immer so gut damit gefahren, aber jetzt ist sie wütend und wischt mit einer Handbewegung das Monopoly-Geld vom Tisch, ihr letztes Geld, das Fred kassieren wird.

«Du bist kindisch», sagt Fred, und Beate lacht, während Albert mit dem Öffnen einer Weinflasche beschäftigt ist. Albert weiß, daß Fred das Spiel gewinnen wird und nimmt sich vor, beim Würfeln zu tricksen. Er verliert nicht gern, welcher Mann tut das schon. Arme Amelie, die kein Glück im Spiel hat und ein schrecklich fades Muttertier ist.

«War nur ein Versehen.» Amelie bückt sich, um die Scheine aufzuheben. Sie hat sich so schnell bewegt, daß Beate ihren Fuß nicht rechtzeitig zurückziehen konnte, ihren braungebrannten Fuß, der zwischen Freds Beinen gespielt hat. Ein reizvolles, verbotenes, unbedeutendes Spiel zwischen Ehefrauen und Ehemännern, die nicht zusammen gehören. Amelie sieht den Fuß zurückzucken, bevor sie das Monopolygeld mit zitternden Fingern zusammenrafft und sich wieder aufrichtet. Sie zählt das Geld, das nicht ausreicht, und schiebt es in Richtung ihres Mannes. «Ich hab mal wieder verloren», sagt sie, «außerdem bin ich müde und geh zu Bett.»

Fred gewinnt das Spiel, obwohl Albert sich dreimal durchmogelt. Beate applaudiert, sie ist ein wenig betrunken und verdrängt die Frage, ob Amelie etwas gesehen hat. Sie fühlt sich gut, von zwei Männern begehrt zu werden, turnt sie irgendwie an. Also wem oder was sollte es schaden, mit Fred ein wenig zu flirten? Er ist ohnehin nicht ihr Typ, und für einen richtigen Ehebruch wäre sie zu feige. Beate spricht sich frei von Gewissensbissen und drückt sich zärtlich an ihren Mann, als sie ins Schlafzimmer gehen. Fred legt sich neben Amelie, die ihr Gesicht in das Kissen vergraben hat und offenbar schläft. Wenigstens schnarcht sie nicht wie manchmal, wenn sie auf dem Rükken liegt. Fred hat genug getrunken, um in einen schnellen und tiefen Schlaf zu fallen.

«Fred?» Als er nicht reagiert, steht Amelie vorsichtig auf und tappt im Dunkeln aus dem Schlafzimmer. Sie hört den Wind ums Haus pfeifen und die Fensterläden knarren. Die Zwillinge schlafen, nachdem sie die ersten vier Nächte Stunden an ihrem Bett verbracht hat. Jetzt schlafen sie, und Amelie geht an ihrem

Zimmer vorbei die Treppe hinunter in die Küche. Es riecht noch nach Beates indonesischem Fischgericht; fünf leere Weinflaschen stehen auf dem Küchentisch. Amelie haßt den Geruch. Sie haßt Beate und den ewig grinsenden Albert und Fred und die Kinder, alle, alle, die in ihr Leben eingedrungen sind und sie ausbeuten, sie verhöhnen, sie zerstören.

Amelie hatte sie lachen hören, als sie die Treppe hochgingen. Sie lag in ihrem Bett und war überzeugt davon, daß sie der Gegenstand ihrer Belustigung war. Beates exaltiertes Kichern galt ihr, der dummen Amelie, die immer daneben steht und nie etwas mitbekommt. Es war sicher nicht das erste Mal, daß Fred... wahrscheinlich dauert die Affäre schon eine Weile, und Fred hat die Mahlers nur mit in den Urlaub geschleppt, um Beate nahe zu sein. Ein abscheulicher Betrug, eine unendliche Demütigung... Amelie steht am Herd und entzündet die Flammen, um sich Kaffee zu kochen. Schlafen kann sie nicht, also wird sie wachbleiben und das Messer in ihrem Kopf wüten lassen...

Als das Wasser kocht, bläst sie die Gasflammen aus, ohne den Schalter auf Null zu drehen. Sie bleibt am Herd stehen und hört das leise Zischen, das aus den Öffnungen dringt. Nach einer Weile kann sie es riechen, das Gas. Es riecht nach faulen Eiern, und der Geruch gefällt ihr, zumindest stört er nicht. Sie setzt sich an den Küchentisch und denkt über Fred nach, über Fred und Amelie, über Amelie und ihr Leben. Sie hört das Zischen nicht mehr, doch der Geruch wird überwältigend. Sie geht ins Freie, schließt die Küchentür, steht auf der Terrasse und friert in dem kalten Wind, der vom Atlantik kommt. Kein zauberhaftes Licht mehr, Beates Licht, das Amelie nie gesehen hat. Nur Dunkelheit und Kälte...

Sie weiß nicht, wie lange sie draußen gestanden hat; ihre Gedanken laufen Amok und finden kein Ziel. Vielleicht ist es die Müdigkeit, die sie auf den Gedanken bringt, daß nichts schöner wäre als ein langer Schlaf. Eine Schlafwandlerin geht zurück in die Küche, verschließt die Tür, sucht im Dunkeln nach Streichhölzern. Amelie müßte an ihre Kinder denken, doch sie sind weit weg, jenseits der großen Müdigkeit. Sie findet die Streichhölzer rechts neben dem Herd, wo Beate sie immer aufbewahrt. Es ist unfair, daß Beate schläft, während sie leidet. Alles ist unfair, das Leben nichts als Betrug. Selbstbetrug. Selbstmord. Mord.

Ihr ist schwindlig, als sie das lange Streichholz ansetzt. Rrtsch macht es, ein sanftes Geräusch vor dem großen Knall, den sie noch bewußt wahrnimmt, der sie von den Füßen reißt und forträgt, fortträgt...

Der Sachschaden belief sich auf 25 000 Mark, die von der Versicherung wegen grober Fahrlässigkeit nicht erstattet wurden. Die Glassplitter aus den zerborstenen Fensterscheiben verletzten Amelie an den Armen und im Gesicht. Die Schnittwunden sind inzwischen verheilt. Geblieben ist die Taubheit am rechten Ohr, eine irreparable Schädigung des Trommelfells.

Amelie wendet Fred ihre rechte Gesichtshälfte zu, wenn sie nicht auf ihn hören will, zunehmend häufiger. Auch die Zwillinge finden nicht immer ihr geneigtes linkes Ohr. «Man muß Rücksicht auf Mama nehmen», sagt Fred dann, und Amelie lächelt ihn an. Es gefällt ihr, daß er Angst vor ihr hat seit jener Nacht. Der große Knall hat ihn auf sehr angenehme Weise verändert, schließlich, was hätte nicht alles passieren können in jener Nacht, als Fred mit dem Feuer spielte. Manchmal, wenn er mit den Kindern in der Küche spielt, während sie kocht, nur manchmal spielt Amelie mit dem Fleischmesser und sieht ihm dabei in die Augen. Seine Angst gibt ihr das Gefühl von Macht, und das ist ein sehr erotisches Gefühl. Man sollte sich einen Gasherd anschaffen, denkt sie dann, aber es könnte sein, daß sie damit bei Fred ein bißchen zu weit geht.

Welcome to Somalia

Die F-15 landet unsanft auf dem Rollfeld und rumpelt zitternd in Richtung von Gebäuden, die einmal einen Flughafen darstellten, den Flughafen von Mogadischu. Kein «Welcome to Somalia» begrüßt den Rest der Welt, sondern zerschossene Hangars und ausgebrannte Flugzeugwracks. Die alte Maschine bleibt im Nirgendwo stehen. Aus dem Nirgendwo schieben zwei schwarze Männer eine Art Treppe an die Maschine, deren Tür sich ächzend öffnet. Aus dem Bauch der Maschine kriechen weiße Würmer, so sehen es die beiden Somalis. Sie haben ihr Geschäft gemacht für diesen Tag, feucht kleben die Dollarnoten in ihren Hosentaschen. Dollars und Waffen sind die Währungen des Überlebens. Alles andere interessiert sie nicht.

Sie ignorieren die seltsamen Passagiere in ihren Khaki-Nahkampfanzügen, den gestylten Tropenhelmen, den Camel-Tragetaschen und getönten Sonnenbrillen. Wären sie nicht von Autan-Wolken umhüllt, die Passagiere würden nach Schweiß riechen – oder Angst. Sie überwinden die Stufen mit Vorsicht, schließlich ist Somalia ein gefährliches Land.

Joe steht an der Treppe, deren Leihgebühr zur Zeit bei hundert Dollar liegt. Er trägt eine Art Turban und eine riesige Sonnenbrille, die er jetzt abnimmt, um seine Irren zu begrüßen. «I am Joe. Welcome to Somalia», sagt er grinsend und deutet auf seine Kopfbedeckung: «Gegen die Sonne – gegen Kugeln nutzt es nichts, schätze ich.»

Die sechs Touristen, die bei «Joe's Adventure Tours» in Nairobi gebucht hatten, scharen sich betont lässig um den hochgewachsenen Iren, der ihnen für 8000 Dollar pro Person einen Abenteuer-Trip nach Mogadischu verkauft hatte. Joe ist Kosmopolit, Dichter, Säufer, Großwildjäger, Gauner, Geschäftsmann –

je nach Situation, Laune und Kontostand. In seinen nüchternen Momenten erkennt er, daß er eine lächerliche Legende lebt, an die nur Reisende glauben, die seine Welt in Momentaufnahmen erleben. Joe liebt die Menschen, die an ihm vorüberziehen und sich in die Taschen greifen lassen. Seine Kunden – ein Japaner, zwei Amerikaner, ein Engländer und zwei Deutsche – sind ehrenwerte Leute. Verhinderte Rennfahrer. Gescheiterte Camel-Trophy-Aspiranten. Gelangweilte Hurensöhne. Kokettierende Selbstmörder. Katastrophen-Touristen. Versnobte Aasgeier. Ihm ist das scheißegal, solange sie im voraus bezahlen. Das einzig Bemerkenswerte an der Truppe ist die Frau, eine kleine Blonde, die an einem großen Blonden hängt und aussieht, als würde sie am liebsten wieder in den Flieger steigen. Die Krauts.

Der Japse fotografiert wie verrückt. Joe haßt Engländer, also auch diesen Kunden. Die Amis sehen aus wie durchtrainierte Börsenmakler. «Hi, Joe», sagen sie.

«Hi, Leute. Dies ist eine Premiere. Ich kann euch nichts als Chaos versprechen, Scheiße pur, wenn ihr versteht, was ich meine. Apokalypse now. Nur Sarajewo kann schöner sein. Hahaha.»

Sie lachen. Sie haben Vordrucke unterschrieben, in denen steht, daß sie auf eigene Verantwortung usw., keine Risikohaftung bei Verletzung, Tod usw.... Hat ihn prächtig amüsiert, die Formulare mit dem Kleingedruckten zu entwerfen. Der Rest ist Organisation, dafür hat er ein Händchen. Kein Diesel? Kein Problem. Joe kennt einen, der einen UN-Versorgungsfritzen kennt... der Rest ist Dollar.

«Pässe braucht ihr nicht. Folgt mir unauffällig und versucht, nicht erschossen zu werden.»

Karsten lacht. Julia sagt in deutsch: «Der verarscht uns ja vielleicht.» Es war natürlich Karstens Idee. Speedboat-Fahren und Bergsteigen reichen ihm nicht aus. Beim letzten Urlaub, als sie eine Himalaya-Tour buchten, war er in 3700 Meter Höhe weggekippt. «Warum gehst du nicht zur Bundeswehr?» hat sie ihn gefragt, als er ihr den Trip nach Somalia vorschlug.

«Angst um dein bißchen Leben?» Julia weiß genau, was er damit gemeint hat. Die Werbeagentur gehört ihm, und sie ist bloß Nummer zwölf unter seinen Angestellten. Aber die Hübscheste. Julia will kein blondes Doofchen sein, sie will nach oben. Zur Nummer eins. Deshalb ist sie mitgefahren. Was für eine Scheißidee...

Auf Joes Kleintransporter sitzen zwei Somalis mit Gewehren. Der Japaner fotografiert, die Amis auch. Joe lädt ihr Gepäck auf den Wagen, holt eine Flasche aus der Kühltasche. «Moët & Chandon, was Besseres war nicht aufzutreiben, Leute.» Sie trinken den Champagner aus der Flasche, das ist cool. «Man muß seinen Standard etwas anpassen», sagt Joe. Dann geht die Fahrt über ehemalige Straßen in die ehemalige Hauptstadt, die einmal italienisches Flair hatte, dann die Aura eines Diktators und jetzt den Charme eines Friedhofs. Leichen sind zur Zeit nicht zu sehen, nur Häuser mit Einschußlöchern, Fenster mit Sandsäcken, ein paar staubige Menschen. Karsten meint, von irgendwoher Schüsse zu hören, er duckt sich unwillkürlich, ist froh, daß die anderen es nicht bemerkt haben.

«Ein bißchen wie Mondlandschaft», sagt der Ami. Der Japaner fotografiert. Joe deutet auf die bewaffneten Somalis, die unbeweglich dasitzen bis auf die Bewegung ihrer Unterkiefer. «Sie kauen Kat», sagt er. «Die lokale Droge, billiger als Bier. Nimmt Angst und Hunger und so... ich hab was dabei, wenn jemand Lust drauf hat.»

Seine Kundschaft hat weder Hunger noch Angst. Sie alle starren auf die Straße, ganz cool. Es gibt wenig zu sehen, so ist das auf Friedhöfen. Sie fahren an einem Lebensmittel-Verteilungspunkt vorbei, und Joe drosselt den Motor: «Wenn jemand fotografieren möchte...?»

Julia hat das im Fernsehen gesehen: Blauhelme, Somalis in Phantasieuniformen, Wartende. Frauen, Kinder und Alte in endlosen Schlangen, von Fliegen umkreist, unendlich geduldig. Es sieht aus wie eine Zeitlupenaufnahme, als sie langsam vorbeifahren. Sie sieht Fernsehen live, die Kameraleute, die die Schlangen umkreisen und sich die schönsten Frauen und hungrigsten Kinder herauspicken. Julia findet, daß es im Fernsehen dramatischer ausgesehen hat. Sie macht jetzt auch ein paar Fotos, Karsten filmt mit seiner neuen Super-Video-Kamera.

«How terrible», sagt der Engländer. Er hat den Trip gebucht, weil er Angst vor einer Aids-Untersuchung hat. Dies hier ist eine Art Horror-Therapie vor dem wirklichen Horror.

«Wir fahren jetzt durch unsicheres Gebiet, ich muß Gas geben, und ihr geht am besten in Deckung.» Joe drückt das Gaspedal durch, und der Bus holpert durch menschenleere Straßen. Julia hat den Kopf zwischen die Beine geklemmt und verflucht den Mann, der sich zwischen ihren Beinen Lust verschafft. Männer sind verrückt und gefährlich, sie hat es immer gewußt. Der Hobby-Abenteurer neben ihr hat seinen Oberkörper ganz cool in der Sitzlehne vergraben. Keine Deckung für die Nummer eins... sie hat eine solche Scheißangst und Wut und...

Sind die etwa enttäuscht, daß nichts passiert ist? Joe parkt den Bus vor dem Hotel *Al Sahafi*, ein dreigeschossiger Bau, von hohen Mauern umgeben und von bewaffneten Männern mit leeren Gesichtern. Auf dem Dach Satellitenschüsseln, Sandsäcke, Kameras. «Von hier aus wird die Welt mit Katastrophen versorgt», sagt Joe, der ein Vermögen bezahlt hat für drei Doppelzimmer in diesem High-Tech-Zentrum, besetzt von der Weltpresse, die zu Kriegen einfach dazugehört. Fünf Sterne für relative Sicherheit und Eiswürfel, Stromversorgung und gelegentlich Wasser. Die Zimmer sind schrecklich, doch Joe erwartet nicht, daß es Klagen gibt.

Joe erwartet von Masochisten und Sadisten Disziplin und Gehorsam. «Wir sehen uns beim Abendessen im Keller. Wenn was passiert, erfahren wir es hier als erstes und fahren hin. Ihr wollt doch sicher Leichen sehen, oder?»

Niemand sagt etwas. Joe grinst. Es ist leichter, die anderen zu verachten als sich selbst.

Bis zum Abendessen hat Karsten sie zweimal bestiegen, der Trip turnt ihn an. Das Abendessen besteht aus Fleischstücken in undefinierbarer Sauce und Bohnen. Bohnen werden auch an die Hungernden verteilt, und naturgemäß landet ein Teil davon in satten Mägen. Wer über den Hunger schreiben will, muß essen. Aber wen interessiert hier noch der Hunger? Die Journalisten sind nervös, weil es seit zwei Tagen keinen berichtenswerten Zwischenfall gegeben hat. Langeweile ist der schlimmste Feind der Korrespondentenleber. Joe hat Wein organisiert, südafrikanischen Wein, das zieht die deutschen Journalisten an. Der RTL-Mann interviewt Julia und Karsten. Dies ist eine Story, Mann, und die Frau ist auch noch telegen. Zwei deutsche Touristen in Mogadischu, da muß man ein bißchen kritisch nachfragen, das Ganze dann im Vorspann sarkastisch kommentieren, um der Sache den richtigen touch zu geben...

Julia fühlt sich gut im Kreis so interessanter Männer. Sie ist beinahe böse, als sie Rufe hört und die Journalisten aufspringen und nach oben laufen, aufs Dach. Es geht so schnell, sie hört Flugzeuglärm. «Anything else?» fragt der alte Kellner, doch Joe ist bereits unterwegs, um die letzten News zu hören.

Er bringt gute Nachrichten: «Es gibt eine Schießerei an der Greenline, Aidid-Leute gegen Marines. Die Jungs hier sind stinksauer, weil die CNN-Leute offenbar schon vor Ort sind. Die müssen einen Spitzel beim General plaziert haben...»

«Worum geht's hier eigentlich in diesem Scheißkrieg», fragt Julia. Niemand antwortet. «Da sollten wir hin», sagt Karsten. Sie kennt diesen Ton, nicht mal die Nummer zwei in der Agentur widerspricht ihm dann. Sie sieht auf die Amis, die ganz cool nicken. Der Japaner legt einen neuen Film ein. Nur der Engländer meint, daß er zu müde sei.

Joe ist Poet, und Poeten sind bisweilen feige. Er argumentiert, daß es für Julia zu gefährlich sei, doch die dumme Kuh erklärt, daß sie ohnehin nicht mitwolle. Joe zögert die Diskussion noch ein paar Minuten hinaus, in der Hoffnung, daß dann das Schlimmste vorüber sei. Dann schart er seine tapferen Krieger um sich. Karsten küßt Julia auf die Stirn, bevor er aus dem Raum stürmt, hinaus in die Welt von Abenteuer und Gefahren.

Der Speisesaal ist leer und entsetzlich schäbig. «Wir sollten noch was trinken», sagt Julia zu dem Engländer, der sich in den dreiunddreißig Jahren seines Lebens nicht zwischen Männern und Frauen entscheiden konnte und sie traurig empfing, in gefährlichen Mengen im sexuellen Überlebenskampf des Aids-Zeitalters.

Während Julia und der Engländer Joes Whiskyflasche leeren, parkt der Bus an der Greenline, irgendwo im Niemandsland, Feindesland, niemand kennt die Feinde, bis Kugeln sie finden. Mündungsfeuer erhellt die Dunkelheit, das Feuer und die Scheinwerfer der Kameras dokumentieren Krieg. Joe ist heiter, wie immer in unvermeidbaren Situationen und nach dem angemessenen Konsum von Alkohol. «Wir müssen uns anschleichen», flüstert er wie im Cowboy-Indianer-Spiel. Karsten meint, einen Moment noch, er müsse pinkeln. Die anderen stehen geduckt hinter dem Auto, warten, jeder mit seiner Angst beschäftigt, so daß sie den Schuß gar nicht hören. Nur den Schrei.

«Ein Geräusch wie von einer räudigen Katze», wird Joe später erzählen, in seiner Stammkneipe in Nairobi. «Die hätten ihm glatt seinen Schwanz wegschießen können, aber es war ein sauberer Herzschuß. Er mußte nicht leiden, der arme Kerl – und er hat im voraus bezahlt.»

Joe hätte auch Julias Geschichte mit einer Pointe versehen, die Gelächter auslöst. Nur ging sie unter in der Aufregung um eine weiße Leiche, die zum Kriegsspiel nicht dazugehörte und deren Todesumstände von der Weltpresse entsprechend kritisch kommentiert wurden.

Während Karsten erschossen wurde, schlief Julia mit dem Engländer, eine sehr betrunkene Vereinigung, die angesichts der Umstände nicht als unmoralisch empfunden wurde. Hinterher gestand er ihr, daß er möglicherweise Aids habe, was Julia zunächst für einen schlechten Witz hielt und später zu einer Qual wurde, höllischer als der Schmerz um den Verlust ihrer Nummer eins.

Château Latour 1945

Das Leben ist zu kurz, um schlechten Wein zu trinken. Dies ist ein Grundsatz im Leben des Josef Feuerbach. Der Mann kann sich Grundsätze leisten, seit sein Jahreseinkommen die Millionengrenze überschritten hat. Josef Feuerbach liebt Wein, Weib und Gesang, genau in dieser Reihenfolge, und er ist durchaus bereit, zuzugeben, daß seine Geschmacksicherheit in bezug auf Bordeaux und Burgunder alle anderen Passionen weit übertrifft. Seine Altersweisheit wird nur übertroffen von Eitelkeit, jenem Wesensmerkmal betagter und erfolgreicher Männer, die in ihrem Leben selten Widerspruch erfahren haben.

Josef Feuerbach ist sechzig Jahre alt, Bauunternehmer, Witwer und passionierter Jäger. Er besucht Opernpremieren, weil dies zu seinem gesellschaftlichen Status gehört, und er liebt Opernsängerinnen, weil sie gewaltige Klangkörper besitzen und beim Singen so gnadenlos dumm aussehen. Schließlich hat er eine lange Ehe mit Anstand hinter sich gebracht. Frauen sollen jung sein, sozusagen als gerechter Ausgleich zur eigenen körperlichen Befindlichkeit. Das kostet was, doch wer wüßte besser als ein Bauunternehmer, daß Geld ein wunderbarer Schlüssel zu den Herzen der Menschen ist. Die Bestechlichkeit allen Seins hat ihm längst die Illusion genommen, daß er ein guter Mensch sei oder andere Menschen besser. Er ist nur besser als andere, wenn es darum geht, Aufträge zu kaufen und seine Angestellten mit Gewinnbeteiligung bei Laune zu halten. Feuerbach spendet für die Kirche und eine politische Partei; er ist in seiner Stadt wohlgelitten, ein aufrechter Bürger, Steuerzahler und Demokrat. Zu seinem sechzigsten Geburtstag wurde ihm vom Bürgermeister das Bundesverdienstkreuz überreicht, und er revanchierte sich mit einem Scheck für die Renovierung des Frauenhauses.

Josef Feuerbach ist durchaus bereit, zu zahlen für Weib, Wein und Gesang. Ihm gegenüber sitzt Lilian Schmitz, vierundzwanzig, Opernchor zweite Reihe. Sie trinkt ein Glas Krug, Clos du Mesnil 1980, aus einer Flasche, die mit 700 Mark zu Buche schlägt. Man sitzt in seinem Stammlokal, ausgezeichnet mit einem Stern und einem Patron, dessen Kochkunst erst nach einigen Gläsern Wein zur vollen Entfaltung kommt, ein workaholic im besten Sinne des Wortes. Seine Frau verstand ihn nicht und verließ ihn, ein schmerzlicher Verlust vor allem für die Gäste, die von ihr mit abgestufter Liebenswürdigkeit (je nach gesellschaftlicher Bedeutung und Umfang der Rechnung) umsorgt wurden. Seit ihrem Abgang hat der Service etwas gelitten, das hat Feuerbach betrübt zur Kenntnis genommen. Doch die Weinkarte und das vorzügliche Essen sowie mangelnde Alternativen im näheren Umkreis lassen ihm keine Wahl.

«Die Blumenarrangements sind wundervoll», sagt Lilian Schmitz, blond, verhinderte Operndiva. Feuerbach blickt in ihr Dekolleté und stimmt ihr zu. Man speist Törtchen von Hummer mit Tomatenconfit und Linsen und trinkt edlen Champagner, den sie offenbar nicht zu schätzen weiß. Sie schluckt ihn einfach. Sie ist hinreißend, aber nicht hingerissen, und er fragt sich, ob die Investition in diesen Abend sich rechnen wird, auch unter Berücksichtigung der Tatsache, daß er die Rechnung von der Steuer absetzen wird. Josef Feuerbach erzählt ihr von seinem Häuschen auf Sylt und der letzten Elefantenjagd in Simbabwe. Lilian hat blaue Augen, die blinzeln, wenn er sich eine Zigarette anzündet und ihren kostbaren, ehrgeizigen Stimmbändern Schaden zufügt.

Bei der Erbsensuppe mit Beluga-Kaviar hat sie den letzten Tropfen Champagner getrunken, ohne ihm einmal tief in die Augen zu sehen. Feuerbach bestellt in Abschätzung des sexuellen Risikos einen 92er Sancerre zu 86 Mark, der mit dem Kalbsbries mit Ingwer harmoniert. Er fragt sie, ob sie reife Männer schätze, und Lilian Schmitz antwortet: «Es kommt darauf an.»

Worauf? Auf den Mann oder den Preis? Als der Weinkellner nachschenkt, unkorrekt und arrogant über die Hand, da fällt ihm auf, daß Lilian Schmitz Weinkellner schätzt. Da ist dieser Blick, den sie dem jungen Schnösel zuwirft, so von unten nach oben... Frauen sind dumm, aber dieser neue Sommelier ist ein Oberdummkopf, denn er gibt ihren Blick zurück. Feuerbach hat sie genau gesehen, Blick und Gegenblick. Sogar ein paar Tropfen von dem Wein wurden vergossen angesichts dieser geschmacklosen Flirterei, die ihn in kalte Wut versetzt. Feuerbach deutet auf die Weinflecken auf dem Damast-Tuch: «Darf man fragen, in welcher Kneipe Sie ausgebildet wurden?» Der Tonfall ist von ironischer Schärfe, er wendet ihn gegen fehlerhafte Angestellte und chancenlose Konkurrenten an. Doch der subalterne Schönling reagiert nicht, täuscht Gehörlosigkeit vor und bedeckt den Flaschenhals mit einer Serviette. Lilian lächelt, und Feuerbach meint zu sehen, daß die rechte Hand des Kellners Lilians nackte Schulter streift, als er sich entfernt. Es ist unerhört, dieses Benehmen, und er wird dafür sorgen, daß es gesühnt wird. Ein Josef Feuerbach läßt sich nicht von einem Kellner verhöhnen!

Sein Herz rast, und seine Gedanken sind von mörderischem Zuschnitt, während er vorgibt, Lilians Geplapper zu lauschen. Sie erzählt von der versagenden Stimme der Diva, deren sexuellen Abartigkeiten und den vielfältigen Intrigen der Chordamen, als ihm die Idee einer Rache kommt, die verspricht, dem Anlaß und den Personen gerecht zu werden. Eine wunderbare Idee, die seinen Adrenalinspiegel hebt und das Selbstwertgefühl in luftige Höhen trägt.

Josef Feuerbach winkt den Patron zu sich, der mit einem Rotweinglas hinter der Bar steht und wohlgefällig die Gästeschar betrachtet, eine kleine Pause nur, wie er nunmehr seinem Stammgast versichert, denn Kochen mache vor allem durstig, haha. Er besitzt nicht den leichten Charme seiner Verflossenen, sondern die schlurrende Schnurrigkeit eines trinkenden Küchenmeisters. Feuerbach lobt das Essen in gebührenden Worten, bevor er ihn fragt, wieviel der junge Mann verdiene, der vorgäbe, Weinkellner zu sein?

Den Patron verwundert und verletzt die Frage, doch in Zeiten des monetär-kulinarischen Niedergangs behandelt er seine Gäste wie rohe, salmonellenverseuchte Eier: «Viertausenddreihundert Mark brutto, plus Trinkgeld natürlich. Gibt es etwa Anlaß zur Reklamation, verehrter Herr Feuerbach?»

Die junge Dame lächelt geheimnisvoll, und der alte Gast studiert die opulente Weinkarte. Dann sagt er: «Ich denke, wir werden zum Rehrücken einen Wein trinken, der dem Monatseinkommen Ihres Kellners entspricht. Sie haben doch noch den Château Latour 1945 im Keller?»

Welche Geschmacklosigkeit, denkt Lilian, dennoch geschmeichelt. Der Patron ist ganz ihrer Meinung, doch er lächelt selig, daß eine seiner Flaschen, die auf der Karte Eindruck schinden und im Keller Kapital binden, nun doch das Licht der Welt erblickt. «Selbstverständlich, ich werde ihn eigenhändig...»

«Nein, gehen Sie nur zurück in Ihre Küche, wir werden mit dem Weinkellner vorlieb nehmen», erwidert Feuerbach in einem Ton, der keinen Widerspruch duldet. Der Patron deutet eine leichte Verbeugung an, bevor er die Bestellung weitergibt und sich an seinen Herd begibt. Dort reibt er sich die Hände, um sich alsdann dem jungen Reh mit Lauchsauce zu widmen, das den kostbaren Wein seiner kostbaren Gäste begleiten wird.

Die Hände des Weinkellners schwitzen ein wenig, als er Feuerbach die Flasche präsentiert. Der alte Herr liest das Etikett sorgfältig, bevor er nickt und den Château Latour seiner Bestimmung übergibt. Seine junge Gefährtin starrt ebenfalls auf die alte Flasche, die der junge Mann jetzt vorsichtig entkorkt. Er kann sich ihre vergleichenden Blicke zwischen dem Wein und seiner Person nicht erklären. Er hat dieses Ritual tausendmal exerziert, doch jetzt hofft er inbrünstig, daß der Korken nicht bröseln möge... viertausenddreihundert Mark, durchs Sieb gegossen, verlieren erheblich an Wert, und der Patrons würde ihn auf die heiße Herdplatte setzen...

Der alte Mann registriert seinen Schweißausbruch mit überheblichem Lächeln, das ist gewiß die Rache für den kleinen Flirt... Gott sei dank, der Korken ist unversehrt aus der Flasche, der einen Duft von verwesten Beeren entströmt. Der Weinkellner säubert den Flaschenhals mit einer Serviette, er fühlt sich wie ein jugendlicher Held bei seinem ersten erfolgreichen Auftritt. Noch kein Applaus, doch gespannte Erwartung: Er hält den Kork an seine wohlgeformte Nase, schnuppert eine Mischung aus Tanin und Moder, legt den Kork mit undurchdringlichem Gesichtsausdruck auf die silberne Schale...

«Trau keinem über zwanzig», sagt Feuerbach, als er das Glas entgegennimmt, das ihm vorsichtig gereicht wird. Er riecht daran, steckt seine furchige Nase tief in das Glas, er ist aufgeregt, alte Weine und junge Frauen versetzen ihn in diesen erotischen Spannungszustand, und natürlich noch ein Element trägt dazu bei...

Der Weinkellner und Lilian lächeln sich an, während Feuerbach die dunkelrote Flüssigkeit auf seiner Zunge zergehen läßt. Alte Kinder brauchen ihr Spielzeug, sagen die Augen des Weinkellners, und Lilian denkt, daß diese Augen von bezaubernder Schläfrigkeit sind.

Die Kristallkaraffe funkelt erwartungsvoll im Schein der Kerzen. Doch Feuerbach sagt: «Der Wein korkt.»

Er hat das Weinglas angewidert auf den Tisch gestellt und schiebt es nunmehr in Richtung des Kellners. «Hat Ihnen der Kork dies nicht erzählt, junger Mann?»

Es gibt Schlimmeres, natürlich, zum Beispiel sein überzogenes Konto, doch der junge Mann spürt eine Welle von Panik, wie sie ihn nur in Krisensituationen seines Lebens befällt. Er nimmt das Glas mit spitzen Fingern, riecht daran, riecht nichts, nimmt einen Schluck, fühlt nichts... Der Latour schmeckt müde, beinahe schal, entweder er braucht mehr Luft, oder sie wird ihm den Rest geben. Mein Gott, er ist kein Experte von Bordeaux-Grufties, doch ganz offensichtlich hat dieser Wein seine besten Jahre längst hinter sich, so wie dieser Gast, der ihn aus boshaften

Augen ansieht. Aber der Wein korkt nicht, das ist ganz eindeutig, darauf könnte er schwören...

Er setzt das Glas behutsam auf den Tisch. «Nun, ich möchte sagen, er ist nicht mehr auf der Höhe seiner Leistungsfähigkeit, was bei so alten Weinen keineswegs verwunderlich ist, doch weder Geruch noch Geschmack lassen darauf schließen, daß er korkt.»

Lilian kichert, sie hat die sexuelle Anspielung wohl verstanden. «Der Wein korkt», wiederholt der Gast mit eisiger Stimme.

4300 Mark, denkt der Weinkellner. 4300 Mark, eine trübe Brühe, eine schöne junge Frau und ein altes Schwein, das mir an den Kragen will. Er sagt das einzig Richtige: «Wenn Sie erlauben, werde ich den Patron holen...»

Die Gäste an den Nebentischen haben die Szene mit großem Interesse verfolgt. Man tafelt doch öfter in diesen Räumlichkeiten, läßt sich von gutem Essen und Trinken längst nicht mehr begeistern und freut sich über jede Abwechslung aus dem Einerlei des gehobenen Lebensstils.

Der Patron hat in der Küche die Hände gerungen, zischende Laute der drohenden Bankrotterklärung ausgestoßen und seinen Weinkellner vor sich her ins Lokal getrieben. Jetzt probiert er den Wein des Anstoßes, die Augen in äußerster Konzentration geschlossen. Nach einem Schluck steht sein Urteil fest: Der Latour ist so gut wie hinüber, aber er korkt nicht. Niemals. Welcher Teufel ist in den alten Feuerbach gefahren, ihn so herauszufordern?

«Sie haben natürlich recht. Er korkt eindeutig.» Der Patron schüttet den traurigen Rest des Glases angewidert in den Kühler mit der leeren Sancerre-Flasche. «Ich werde Ihnen eine neue Flasche aus dem Keller holen... oder möchten Sie einen anderen Wein... einen Château Mouton 1945 vielleicht... oder etwas Jüngeres? Ich habe einen wunderbaren 70er Margeaux...»

Seine Stimme ist flehend, sie bittet darum, ihm die Katastrophe zu ersparen, seine zweite und letzte Flasche 45er Latour aus dem Keller zu holen, um sie an einen Stammgast mit mörderischer Laune zu verlieren. Sein Weinkellner, dieser unfähige Tölpel, steht schwitzend und schweigend neben ihm. Die Blondine, offenbar angetrunken, taxiert diesen mit glühenden Blicken. Und nun versteht er endlich, worum es in diesem Spiel geht: um Eitelkeit.

«Ich denke, wir sollten einen zweiten Versuch wagen», sagt Feuerbach mit schwerem Lächeln. Der Patron spürt leichte Übelkeit, doch er entfernt sich mit professioneller Demut, um anschließend seinem Kellner den Schlüssel zum Weinkeller zu entreißen. «Ich mache das jetzt selbst. Sagen Sie in der Küche Bescheid, Sie Vollidiot. Und machen Sie sich auf was gefaßt, wenn diese Show vorüber ist.»

Der Hauptgang wird bereits aufgetragen, während der Patron mit zitternden Händen den 45er Latour entkorkt. Das Timing funktioniert nicht mehr, offenbar ist alles an diesem Tisch programmiert, schiefzulaufen. Der Patron schnuppert ehrfürchtig an dem Korken. Er riecht nichts, dem Herrgott sei Dank, und er reicht Feuerbach das Glas zum Probieren. Das köstliche Reh wird kalt, während der Gast den Wein im Mund hin und her bewegt, endlos lange. Der Patron sieht ihn an, wie einer, der sein Todesurteil erwartet. Lilian Schmitz entgeht die Dramatik dieser Szene, da sie sich mit Hingabe dem Hauptgang widmet.

«Dieser hier korkt nicht, verehrter Maître, da kann ich Sie beruhigen. Aber ich fürchte, der Wein ist hinüber, kaputt, ungenießbar. Probieren Sie selbst.»

Während Feuerbach zu Messer und Gabel greift, setzt der Patron das Glas an die Lippen, ein sinnloses Ritual, da das Urteil bereits gefallen ist. Er hat nur zwei Möglichkeiten: Feuerbach zuzustimmen und achttausendsechshundert Mark in den Ausguß zu gießen – oder Feuerbach den Wein in Rechnung zu stellen und einen zahlungskräftigen Stammgast zu verlieren. Der Patron rechnet, während er trinkt.

«Ihrem Urteil ist nichts hinzuzufügen», sagt er schließlich. «Ich darf Ihnen, auf Kosten des Hauses natürlich, einen 79er Palmer öffnen... hoffe ich.» 8600 Mark plus 400 Mark, nach

Verkaufspreisen gerechnet: Die Schultern des Patrons sind gebeugt, als Feuerbach gnädig nickt und sich den erkalteten Resten seines Hauptgangs widmet. Der Patron haßt Feuerbach, er haßt alle Gäste, die mit fetten Brieftaschen und mageren Herzen seine Kunstwerke verschlingen. Er haßt sie, doch ein Opfer braucht ein Opfer: «Sie sind entlassen, fristlos», zischt er seinem Weinkellner zu, als er ihm die beiden Flaschen Château Latour 1945 in die Hände drückt. Er verschwindet in seine Küche, dorthin, wo er die Brut nicht sehen muß, die ihn aufzehrt, verzehrt, vernichtet. Er herrscht seinen Koch an, bevor er die Chiantiflasche an den Mund setzt. Rote Flüssigkeit läuft ihm über die Mundwinkel auf das weiße Hemd. Er tranchiert eine Rehkeule und stellt sich vor, sie wäre Feuerbach. Das Soufflé, das er im Herd vergessen hat, sinkt vor seiner Wut in sich zusammen.

Der Patron wütet in der Küche, und so entgeht ihm der letzte Vorhang der Tragödie, die als Lustspiel angelegt war. Der Weinkellner ist auch nur ein Mensch, ein junger Mensch dazu, der seine Handlungen nicht so kühl kalkuliert wie ein Josef Feuerbach. Ein paar Sekunden steht er da, die beiden Flaschen in der Hand, Mittelpunkt der Aufmerksamkeit aller Gäste, dann schreitet er auf den Tisch zu, der ihn seinen Job gekostet hat. Er bleibt hinter Lilian Schmitz stehen und bewundert ihre makellosen Schultern, bevor er eine Flasche anhebt, sie über ihrem Kopf in Position bringt – und den Château Latour 1945 ausschenkt. Alter Wein ergießt sich über blonden Locken, über Gesicht und Hals ins Dekolleté. Es dauert lange, bis sie einen spitzen Schrei ausstößt und ihr Gegenüber aufspringt, ganz Kavalier alter Schule und doch ziemlich lächerlich anzusehen, da er als Waffe eine Dessert-Gabel gewählt hat.

Feuerbach stürmt auf den Angreifer zu, und die anwesenden Damen artikulieren ihre Begeisterung über das kulinarische Erlebnisprogramm mit aufgeregtem Stöhnen. Kellner haben schlechte Karten gegenüber Stammgästen, doch bessere Reaktionen in diesem Fall. Josef Feuerbach stürzt über das ausgestreckte Bein des Angegriffenen, seine Waffe fällt zu Boden,

Feuerbach fällt zu Boden, und dort bleibt er ein paar Sekunden benommen liegen, bis er brutal auf den Rücken gedreht wird. Über ihm steht der Weinkellner mit der zweiten Flasche Château Latour 1945. Er gießt sie schwungvoll – über die Hand, was Feuerbach merkwürdigerweise am heftigsten erbost – auf das Gesicht seines Opfers, das weiße Hemd, den grauen Seidenanzug. Feuerbach spuckt Wein, Gift und Galle, doch er bleibt still liegen, als der Kellner die leere Flasche lässig über seinem Kopf baumeln läßt. Seine kalten, rotgeäderten Augen verfolgen die Schwingung, und er hat erbärmliche Angst.

«Ich hoffe, er hat Ihnen doch noch geschmeckt. Es war übrigens der Wein, der korkte.» Der Kellner bringt die leere Flasche in eine Position, als wolle er sie über Feuerbachs Kopf zerschmettern. Lilian Schmitz heult melodisch. Die Gäste befolgen bei allem Entsetzen das Prinzip der Neutralität. Der Patron ist aus seiner Küche geeilt, sieht den Gast in roter Flüssigkeit liegen und schreit «Mörder».

Josef Feuerbach, der in jeder Situation seines Lebens die passenden Worte gefunden hat, flüstert: «Die Rechnung bitte.»

Macau sehen und sterben

Macau wurde 1557 von portugiesischen Händlern und Missionaren gegründet. 436 Jahre später besucht Benedikt Frings die Insel, per Speedboat aus Hongkong und in Begleitung seiner Frau Ursula. Benedikt Frings ist in der Consulting-Branche tätig und betrachtet Urlaub als eine Herausforderung, sich in der Fremde zu behaupten und dennoch Spaß zu haben. Er war bereits in Florida, Haiti, Kenia und Ägypten, und er hat alle Urlaube unbeschadet überstanden. Benedikt berät Unternehmen, die sich mit zahlungsunwilligen Kunden herumschlagen. Seine Konzepte sind tough, wie es in der Branche heißt, und der Mann strahlt eine Art Siegeswillen aus, der seine Gegner bereits im Vorfeld einschüchtert.

Benedikts zweite Frau ist jung, hübsch und durchgestylt, auch dies gehört zu einem Mann, der es geschafft hat: Eigenheim, Porsche, der Golf für die Frau, Golfspielen als Hobby und Urlaubsreisen der Luxusklasse. Der Mann hat Geschmack und jenes Maß an Ellenbogen, das Siegertypen auszeichnet. Zum Beispiel in der Menschenschlange vor den Paßkontrollen in Macau: Der Mann drängt sich vor – wagt einer was zu sagen?

Ursula folgt Benedikt mit gesenktem Kopf, blond und schön und gewohnt, ihrem Mann hinterherzulaufen. Früher war sie Verkäuferin in einer Edelboutique, jetzt nennt sie sich Galeristin, seit Benedikt Anteile an einem Kunstladen spottbillig erworben und seine Frau als Geschäftsführerin eingesetzt hat. Ursulas sozialer Aufstieg war nicht mit Schweiß und Tränen gepflastert, verlangt jedoch eine gewisse Anpassungsfähigkeit an Benedikts Launen und seine gelegentlich ausgefallenen sexuellen Wünsche. «Von nix kommt nix», pflegte ihre Mutter immer zu sagen – und wie recht sie hatte, die arme alte Kuh, die ihr Leben lang geschuftet hatte und obendrein von ihrem Ehemann verprügelt wurde... Männer sind eben anders gestylt, pflegt Ursula zu denken. Und es macht einen Unterschied, ob man in einer Sozialwohnung verdroschen wird oder in einem Luxuszimmer des *Grand Hyatt* in Hongkong. Ein bißchen Gewalt turnt ihn an, was soll man tun? Hinterher ist er immer ganz lieb und in Kauflaune. Eine Cartier-Uhr mit Diamanten war es diesmal. Wirklich sehr großzügig von ihm, aber sie hatte auch besonders laut geschrien, um ihn zu erfreuen.

Ursula mag Hongkong. Die Stadt glitzert nach Reichtum und duftet nach Geld. Die smarten Chinesen fahren Rollies, und die armen Chinesen sind sehr devot. Es gibt unendlich viele Geschäfte, und sie haben fast immer geöffnet. Die Einkaufszentren sind klimatisiert. Alles gepflegt und sauber, jedenfalls in den Straßen um ihr Hotel. Benedikt hat eine Liste mit Restaurants und Sehenswürdigkeiten erstellt, die in den fünf Tagen ihres Aufenthalts abgehakt werden. Macau gehört dazu, aber Ursula ist nicht sicher, daß ihr diese Insel gefällt. Sie ist dreckiger, irgendwie südländischer als Hongkong. Vor dem Zollgebäude am Hafen warten klapprige Taxis mit schmierigen Typen. Allein hätte sie Angst, aber da ist Benedikt, der zielsicher das repräsentativste Auto ansteuert, dem Fahrer einen 20-Dollar-Schein in die Hand drückt und sie auf den Rücksitz schiebt.

«Was steht auf dem Programm?» Ursula sieht angewidert auf die Menschenströme, die sich aus dem Zollgebäude schieben. «Fahren Sie uns durch die Stadt, an den Sehenswürdigkeiten vorbei, dann werden wir weitersehen.» Benedikt wendet sich ihr zu. «Sag bloß, du bist schon wieder müde, Ula.» Er nennt sie Ula und sie nennt ihn Ben, das klingt dynamischer als die Geburtsnamen.

«Die A-Ma Monastery steht auf meinem Programm, die St. Paul's Cathedrale und der Tempel Kun Iam Tong. Dann nehmen wir einen Drink im *Hyatt Regency* und anschließend fahren wir ins *Lisboa*, um ein bißchen zu spielen. Einverstanden?»

Sie nickt, die Frage war ohnehin rhetorisch. Ursula würde lieber durch Hongkongs Einkaufszentren schlendern, statt Kirchen und Tempel zu besichtigen, doch sie stößt jene Entzückensschreie aus, die er von ihr erwartet, wenn er ihr die große weite Welt zeigt. Alte Gemäuer, vergammelte Straßen, sie kann dem nichts abgewinnen, und atmet erst auf, als sie an der Hotelbar sitzen und Gin Tonic schlürfen. Benedikt hat den Barkeeper gemaßregelt, weil dieser die Zitrone vergessen hatte. Sie streiten sich darüber, wo sie den schönsten Sonnenuntergang gesehen haben: Ursula votiert für Bora-Bora, während Benedikt den Himmel im Okavango-Delta zum Favoriten erklärt. Man hat was gesehen, und es hat was gekostet. Ben ist entschlossen, sich die meisten seiner harmloseren Wünsche zu erfüllen. Er drückt Ula ein Bündel Scheine in die Hand. «Spielgeld», sagt er, «wir fahren jetzt ins *Lisboa* und versuchen unser Glück im Kasino.» Er kneift sie in den Unterarm: «Du allerdings hast zuviel Glück in der Liebe, um zu gewinnen.»

Die Doppeldächer des *Hotel Lisboa* sind gestaltet wie die Naben eines Roulette-Rades. Die Türsteher sind gekleidet wie Toreros, das Innere ist erfüllt vom Summen eines riesigen Bienenschwarms, der dem Honig des Spielglücks nachjagt. Chinesen lieben Geld, Essen und Spielen. Sie glauben ans Glück. Sie sind verrückt nach Macaus unwirtlichen Spielhöllen, in denen teuflische Beträge die Besitzer wechseln. Benedikt ist kein Spieler, denn Unwägbarkeiten sind nicht sein Fall. Benedikt glaubt an sich: seine Fähigkeiten und Möglichkeiten, das Leben so angenehm wie möglich zu gestalten. Für sich. Ula ist nur eine Begleiterscheinung seines Lebens, und wenn die Zeit reif ist, wird er sie mit Kleingeld abspeisen. Kleingeld, das er jetzt an den einarmigen Banditen verfüttert, während Ula, angeekelt von dem Gedränge, neben ihm steht. «Geh an den Roulette-Tisch, Schätzchen, da geht es vielleicht zivilisierter zu.» Er hat ihr 4000 Hongkong-Dollar in die Hand gedrückt, und sie wird das Geld schnell verlieren, weil sie der gierige Typ ist, einer, der auf Zahlen setzt statt auf Kombinationen.

Die Maschine vor ihm verschluckt ratternd Münzen, sie schreit nach mehr, und er gibt ihr, was sie braucht: Geld. Geld.

Geld. Ihm gefällt diese Atmosphäre atemloser Gier, das Dröhnen der Maschinen, die leeren Gesichter der Spieler, deren Augen nur auf einen Punkt fixiert sind. Ula ist verschwunden, und er konzentriert sich darauf, das Monster vor ihm zu besiegen. Er ist kein Spieler, weil er es haßt, zu verlieren. Nehmen ist seliger als geben. Na los, spuck sie aus, Schätzchen, die Münzen, die du gefressen hast, das viele schöne Geld, mein Geld.

Das schrille Klingeln reißt ihn aus der Monotonie seiner Gedanken und Bewegungen. Die Maschine vor ihm stößt schrille Töne aus und Münzen klimpern unaufhörlich aus ihrem prall gefüllten Bauch. Benedikt begreift erst nicht, was die Leuchtschrift bedeutet.

«Jackpot. You have won the Jackpot. Congratulation. You are the winner.»

Die Umstehenden unterbrechen ihr Spiel mit dem einarmigen Banditen und starren auf die blinkende Schrift und den gweiloh, den Weißen, der den Jackpot gewonnen hat. Eine Million Hongkong-Dollar. Da steht es, in gelben Leuchtfarben, und die Maschine hört nicht auf, Geld zu spucken, während sie ihn umringen und ein Angestellter des Casinos auf ihn zueilt, um dem Sieger zu gratulieren.

Eine Million Hongkong-Dollar sind knapp eine Viertelmillion Mark. Ben drückt die Hand des Chinesen und lacht triumphierend. Er ist der Champ, der Sieger, so einer wie er mußte es schaffen, das war doch klar. Wo ist Ula? Er sieht sie wie eine Lichtgestalt auf ihn zuschweben, Frauen lieben Sieger, Ula liebt sein Geld; sie umarmt ihn, und er sieht über ihre Schulter in Gesichter, die ausdruckslos sind. «Joss», ruft er, das chinesische Wort für Glück. Das Glück ist mit den Tüchtigen, jawohl, er könnte schreien vor Glück. In einem Akt spontaner Freude nimmt er eine Handvoll Münzen und wirft sie in die Menge. Menschen gehen zu Boden und klauben nach Münzen. Ula reißt ihn aus seinem irren Gelächter. «Das ist aber keine Million, die da liegt», sagt sie nüchtern. Der Angestellte versteht kein Deutsch, doch er versteht ihre Geste. «Wenn Sie mir ins Büro folgen, können wir über die Frage entscheiden, ob Sie lieber einen Scheck oder Bargeld nehmen», sagt er zu Benedikt, bevor er einen Fotografen heranwinkt. «Sie erlauben doch, daß wir ein Foto von dem Sieger... vielleicht mit Ihrer schönen Frau?»

Benedikt und Ursula lachen in die Kamera, ein paar Leute applaudieren. «Du bist der Größte», sagte Ula, als sie dem Uniformierten folgen. Benedikt hat es dem Angestellten überlassen, die Münzen für ihn einzusammeln und zu tragen. Ein kleiner Chinese in Uniform, ein Verlierer, dem er ein Trinkgeld geben wird. Er führt sie in ein leeres Büro und bittet sie, auf den Direktor zu warten. Benedikt ist erregt, am liebsten würde er Ula jetzt über dem Schreibtisch rannehmen, sie zum Schreien bringen...

«Champagner?» Der Direktor ist Portugiese, ein schmieriger Typ, wie Ula findet, und er mustert sie schamlos, während er Glückwünsche ausspricht. Benedikt amüsiert sich, der Mann vor ihm hat eben 'ne Million verloren und muß ihm dafür auch noch gratulieren. Nein, er will keinen Scheck, sondern Bargeld in großen Scheinen. Einen Aktenkoffer könne man ihm sicher besorgen. «Ist Bargeld nicht zu gefährlich?» flüstert Ula. Der Direktor lächelt. «Geld ist immer gefährlich, Madam. Wenn Sie mich ein paar Minuten entschuldigen, ich werde das Nötige veranlassen.»

Euphorie wäre die angemessenste Bezeichnung für seinen Gemütszustand. Benedikt leert sein Glas in einem Schluck, und überlegt, ob er sich zur Feier des Tages nicht eine Orgie leisten sollte, vielleicht im *Club Volvo* in Hongkong, vielleicht mit Ula, aber das ist nicht zwingend. Seine Frau gähnt. Sie sieht als erste den Chinesen, der das Büro betritt, einen kleinen Chinesen, der aussieht wie alle Chinesen, die teure Anzüge und Designer-Brillen tragen. Der Chinese geht auf Benedikt zu und sagt: «Erlauben Sie mir, daß ich Ihnen gratuliere?» Er verbeugt sich, richtet sich wieder auf. Ula fröstelt und weiß nicht warum.

«Erlauben Sie mir auch, daß ich Ihnen ein Angebot mache, Mr. Frings?»

Er will mir ein Geschäft anbieten. Der Sieger lehnt sich in seinem Stuhl zurück und überlegt, ob es sinnvoll wäre, in Macau oder Hongkong zu investieren.

«Ich möchte Ihnen vorschlagen, die Hälfte Ihres Gewinns für einen guten Zweck zu spenden.»

Ursula zuckt zusammen, als Benedikt zu lachen beginnt. Es ist irgendwie unpassend, weil der Chinese so ernst bleibt. «Es ist hier so üblich», sagt der Chinese in Benedikts Lachen hinein.

«Sehr komisch, wirklich.» Der Sieger greift nach seinem Champagnerglas und prostet Ursula zu. «Ich pflege nichts zu spenden, guter Mann. Verschwenden Sie nicht meine Zeit.»

Benedikts Bewegung entspricht jener, eine lästige Fliege zu verscheuchen. Doch kein Insekt wäre so verrückt, sich ins vollklimatisierte *Hotel Lisboa* zu verirren. Der Chinese bleibt stehen, sein Gesicht ist unverändert. «Es ist ein Vorschlag, den Sie nicht ablehnen sollten, Mr. Frings. Als Gegenleistung sind wir gerne bereit, Sie und Ihren Geldkoffer sicher nach Hongkong zu geleiten.»

Der Vorschlag, den man nicht ablehnen kann... Ursula versucht, sich an den Film zu erinnern, in dem dieser Satz gefallen ist. Sie findet den Chinesen furchterregend. Benedikts Lachen ist längst verklungen. An seiner Körperhaltung kann sie erkennen, daß er sehr angespannt ist.

«Ach sooo ist das. Ich verstehe.» Benedikt baut sich vor dem Chinesen in eindrucksvoller Größe auf. «Aber ich brauche keinen Schutz, guter Mann. Ich kann sehr gut auf mich selbst aufpassen. Und jetzt verschwinde, du kleiner gelber Teufel, bevor ich mich vergesse...»

Ula findet Ben toll. Er ist furchtlos und kompromißlos, eben ein richtiger Mann. Der Chinese lächelt unbeeindruckt, doch er wendet sich zum Gehen. An der bereits geöffneten Tür bleibt er stehen. «Sie sollten sich das noch einmal überlegen. Es gibt Leute, die kamen aus dem *Lisboa* und haben Hongkong nie erreicht.»

Ula und Ben schweigen, als der Direktor mit einem ledernen

Aktenkoffer zurückkommt. Nein, er hat keinen Chinesen gesehen. «Aber es sind viele Leute im Hotel unterwegs...» Immerhin hört er sich höflich an, was Benedikt mit wütender Stimme vorträgt. Er nickt gelegentlich und schüttelt dann sorgenvoll seinen Direktorenkopf. «Sie werden immer dreister», sagt er, «es tut mir wirklich leid, daß Sie einen so schlechten Eindruck von unserer schönen Insel mitnehmen.» Er öffnet den Aktenkoffer mit trauerumflortem Blick. Ursula ist näher gekommen, ihre Hand umklammert das Glas, und sie haucht «Oh» beim Anblick der gebündelten Banknoten. Benedikt überlegt eine Sekunde lang, ob er nachzählen sollte und entscheidet sich dagegen. «Wer sind *sie*?»

Der Portugiese zögert.

«Lassen Sie mich raten: Triadengangs. Jungs, die im Casino herumhängen und darauf warten, daß einer gewinnt, um ihn dann zu bedrohen und zu erpressen. Ich sollte die Polizei rufen.» Benedikt legt Wut in seine Stimme, um sie fester erscheinen zu lassen. Hat er Angst? Ein wenig erinnert ihn die Situation an das eine oder andere Geschäft, in dem man Leute mit sanfter Gewalt dazu bringen mußte, ihre Schulden zu bezahlen. Mit ein paar subtilen Drohungen... naja, der letzte Satz des Chinesen war ziemlich eindeutig: zahle oder stirb. Er hat nicht die Absicht zu sterben. Der Anblick der Scheine ist wunderbar. Er hat auch nicht die Absicht, sich von ihnen zu trennen.

Trotz Klimaanlage liegen Schweißperlen auf der Oberlippe des Portugiesen. Sein olivefarbener Teint ist fahler geworden, er hebt beschwörend die Hände. «Keine Polizei, Mr. Frings, was soll das bringen? Ein Unbekannter, der eine vage Drohung ausgestoßen hat... die Angelegenheit würde sie nur unnötig Zeit kosten.»

Ula sieht ein wenig ängstlich aus, es kleidet sie nicht, und er sieht an ihr vorbei auf den Geldkoffer. «Sie meinen, ich soll mein Geld nehmen und so schnell wie möglich von hier verschwinden.»

Der Portugiese sieht erst auf Ursula und dann auf Benedikt.

«Ich meine, daß Sie die Drohung ernst nehmen sollten, Mr. Frings. Es ist bedauerlicherweise so, daß die Triaden sowohl in Macau wie auch in Hongkong sehr gut organisiert sind. Sie haben ihre Fäden überall gesponnen, und einige Gangs schrecken auch vor brutalen Methoden nicht zurück. Erst letzte Woche gab es hier in Macau einen bedauerlichen Vorfall, bei dem einem Mann beide Kniekehlen durchschossen wurden.»

«Ein Weißer?» Ula hat einen spitzen Schrei ausgestoßen, doch Ben bleibt cool.

«Ein chinesischer Geschäftsmann, Mr. Frings. Es heißt, daß er beim Jai Alai betrogen hat, das ist ein Ballspiel, bei dem sehr hoch gewettet wird.»

Ben lächelt abschätzig: «Ein Chinese also. Ich glaube nicht, daß die Jungs sich an Touristen vergreifen.» Er schließt seinen Geldkoffer. «Ich danke jedenfalls für die prompte Bedienung und freundliche Belehrung. Komm, Ula.»

Die Siegeseuphorie ist verschwunden, doch der Koffer fühlt sich verdammt gut an in seinen Händen. Er hält ihn fest auf dem Weg durch die langen Gänge des *Lisboa*, während Ula hinter ihm herläuft. «Wo willst du hin?»

«Erstmal raus hier. Der Portugiese steckt mit denen unter einer Decke, hast du das nicht gemerkt?» Die Eingangshalle ist voller Menschen, und Benedikt drängt sich rücksichtslos durch. «Ich habe Angst», sagt Ula, als er nach einem Taxi winkt.

«Sei nicht albern. Sehe ich aus wie jemand, dem etwas zustoßen kann?» Benedikt macht dem Taxifahrer in einer Mischung aus Englisch und Körpersprache verständlich, daß er an den Ort möchte, von dem aus Helikopter nach Hongkong starten. Ein Chinese, der nur chinesisch spricht, ist das letzte, was er in dieser Situation gebrauchen kann, aber immerhin, der Mann gibt Gas – und ein Blick zurück bestätigt ihm, daß ihnen niemand folgt.

Ula hat Angst. Sie betrachtet die kleinen Spiegel und Glücksbringer im Wagen, um sich abzulenken. Die Gehänge klirren, während der Mann über holprige Straßen fährt, und aus seinem Funkgerät kommen kreischende Geräusche und kantonesischer

Singsang. Sie hat Kopfschmerzen und muß an den dummen Spruch ihrer Mutter denken, daß Geld nicht glücklich macht. So ein Unsinn. Neben ihr steht ein Koffer mit einer Million. Ben ist bei ihr. Er ist stark und klug und wird nicht zulassen, daß etwas passiert.

Sie haben Macaus belebte Straßen hinter sich gelassen und fahren am Meer entlang. Benedikt gratuliert sich zu dem schnellen Entschluß, einen Helikopter zu chartern, der sie zurück nach Hongkong bringen wird. Ob es klüger ist, mit dem nächsten Flieger Hongkong zu verlassen, darüber denkt Ben nach, während Ula stumm aus dem Fenster sieht. «Alles okay, Kleines?»

Sie nickt. Sie ist 1,80 Meter, so groß wie er. Ihr Kapital ist ihre Schönheit, viel mehr hat sie nicht zu bieten, doch im Moment hat er andere Sorgen. Ben sieht nach rückwärts, als ob er Angst hätte, daß ihnen jemand folgt. «Der Taxifahrer», sagt Ula plötzlich.

«Was ist mit dem Taxifahrer?»

«Weißt du, wohin er fährt? Wahrscheinlich gehört er auch zu dieser Gang. Der hat nur auf uns gewartet, du Idiot, und jetzt sitzen wir in der Falle.»

Den Idioten merkt er sich, dafür werden die Prügel beim nächsten Sex besonders schmerzhaft ausfallen. Doch Ben muß zugeben, daß ihr Einfall keineswegs abwegig ist. Sie fahren die Küstenstraße entlang, immer weiter weg von der Stadt. «Hey du, wie lange zum Helikopter-Platz?» Ben tippt ihm auf die Schulter und zeigt auf seine Uhr. Der Chinese dreht seinen Kopf zur Seite, sagt etwas, was Ben nicht versteht, und fährt weiter.

«Sie werden uns umbringen.» Ulas Stimme klingt hysterisch.

«Halts Maul.» Ben überlegt Methoden, den Fahrer zu stoppen. Ihm von hinten ins Steuer zu fallen ist zu gefährlich. Ihm die Hände um den Hals legen und zum Anhalten zwingen? Die Sprache der Gewalt ist international...

«Mensch, tu doch was. Die werden uns umbringen.»

Er hat sie außerhalb des Bettes noch nie geschlagen; jetzt gibt er ihr eine schallende Ohrfeige, die sie zum Weinen bringt. Ben formt seine Hände um den Hals des Fahrers, er ist bereit, zuzudrücken . . . als der Wagen abbiegt und auf einen kleinen Flughafen zufährt. Ula plärrt. Das Leben ist wunderbar. Neben ihm ein Geldkoffer und vor ihm der Helikopter. Die dumme Kuh hat ihn nur kurzzeitig in Panik versetzen können. Benedikt gibt dem Chinesen ein großzügiges Trinkgeld. «Nun krieg dich wieder ein, es ist doch alles okay. In Nullkommanichts sind wir in Hongkong – und dann gehen wir richtig schön feiern.»

Das Chinesische Meer ist in Nebelschwaden gehüllt, und Ben bedauert, daß er für das viele Geld, das der Charterflug kostet, keine bessere Sicht hat. Ula neben ihm sieht aus wie ein verschmierter Clown. Alles okay, keine Panik, er hat alles unter Kontrolle.

«Mr. Frings.» Der Co-Pilot hat sich zu ihnen umgedreht und schreit in sehr lautem, sehr perfektem Englisch. «Ich wäre Ihnen sehr verbunden, wenn Sie jetzt eine halbe Million abzählen und mir überreichen.» Er hält Ben einen Plastiksack unter die Nase und sein Gesichtsausdruck ist von höflicher Kälte.

Ula neben ihm wimmert. Ben nimmt den Plastiksack und versucht, ihn zu zerknüllen. «Warum sollte ich das wohl tun, du Arsch.»

«Wenn Sie es nicht tun, Mr. Frings, werden wir sie beide auf einer der vielen unbewohnten Inseln aussetzen, die es hier gibt.» Der Pilot deutet nach unten, auf einen dunklen Fleck im Wasser. «Natürlich etwas abseits von der Flugstrecke, auf eine Insel, auf der sie garantiert niemand findet. Vermutlich würden Sie verdursten.»

Benedikt Frings versucht ein Lächeln. «Und du glaubst, daß uns keiner sucht? Dieser Flug ist schließlich registriert.»

Der Chinese lächelt zurück. «Nein, das ist er nicht, Mr. Frings. Es handelt sich hier um eine private Maschine, und Sie beide erscheinen in keinem offiziellen Formular. Auch der Taxifahrer wird sich nicht an Sie erinnern. Wenn man also anfängt, nach Ihnen zu suchen, wird man dies in Macau tun, ausgehend vom *Lisboa*, wo Sie zum letzten Mal lebend gesehen wurden.»

«Gib ihm das Geld.» Ulas Stimme ist ungewohnt hart. «Oder

meinst du, ich habe Lust, wegen deines Scheißgeldes zu krepieren?»

«Es ist mein Geld. Und ich geb es nicht her.» Ben umklammert seinen Aktenkoffer. Er ist stark und zäh – und diese Situation ist irreal. Der Scheißchinese lächelt noch immer.

Der Chinese lächelt Ula anerkennend zu: «Sie hat recht. Zwei Leben gegen eine halbe Million, das ist doch ein fairer Deal.»

Als Benedikt den Mann an der Schulter packen will, fällt ihm Ula in den Arm. «Mach keine Scheiße, Mann. Siehst du nicht, daß wir keine Chance haben?»

Der Pilot fliegt seinen Kurs, sie können nur seinen Hinterkopf sehen. Der Co-Pilot hat in einer blitzschnellen Bewegung ein Messer gezogen, das er gegen Ursulas Gesicht richtet. Als der Helikopter ein Stück absackt, spürt sie Blut an ihrer Wange. Ursula ist kalt vor Angst, doch noch stärker als die Angst ist ihre Wut.

«Nehmen Sie das Geld und werfen Sie den Idioten ins Meer», sagt sie zu dem Mann mit dem Messer. «Ich werde nichts sagen, kein Sterbenswort, das schwör ich Ihnen.»

Benedikt hat nie an die Loyalität von Frauen geglaubt. Oder an das Gute in Frauen. Aber er hat Ula für schwach und ängstlich gehalten, hat geglaubt, sie vollständig in der Hand zu haben. Und jetzt will sich das Luder auf die Seite der Sieger schlagen und ihn krepieren lassen... das hätte er nicht von ihr geglaubt, *das* nicht...

«Ich gebe Ihnen die ganze Million, wenn Sie mich von dieser Frau befreien.» Benedikt nimmt den Koffer und hält ihn dem Chinesen hin.

«Mr. Frings! Ihre privaten Probleme interessieren uns nicht. Sie zählen jetzt die Hälfte in den Plastiksack und unterschreiben dieses Papier, daß Sie eine halbe Million an die ‹Gesellschaft zur Wahrung kultureller Werte› spenden.»

Ula kichert. Sie muß verrückt geworden sein. Benedikt beginnt, die Scheine aus seinem Koffer in den Sack zu zählen, während er seine nächsten Schritte überlegt.

«Bitte denken Sie nicht daran, die Polizei zu informieren, Mr. Frings. Wir haben unsere Leute überall. Sie würden Hongkong nicht lebend verlassen.»

Ursula sieht schweigend zu, wie Benedikt die Scheine abzählt, den halbvollen Koffer wieder schließt, mit zitternden Händen das Papier unterschreibt. Er riecht nach Schweiß, nach Angstschweiß, und sie findet ihn erbärmlich. Der Mann mit der Peitsche ist ein kleines, schwitzendes Würstchen, das sich von ein paar Chinesen austricksen läßt. Der Chinese mit dem Messer ist beinahe attraktiv. Sie mag seine Maske der Überlegenheit, während Bens Masken alle gefallen sind.

Pilot und Co-Pilot drehen sich bis zur Landung nicht mehr um. Als er die Tür öffnet, wünscht der Co-Pilot den Passagieren «noch einen angenehmen Aufenthalt». Ula kichert wieder, und Ben muß sich beherrschen, ihr nicht ins Gesicht zu schlagen.

«Wo sind wir?» Seine Stimme ist schrill, und er sieht sich ungläubig um, als er Boden unter den Füßen hat.

«In Lantau, Mr. Frings. Wenn Sie sich beeilen, erreichen Sie die nächste Fähre nach Hongkong. Sie fährt in fünfundzwanzig Minuten.»

Ursula lächelt dem Chinesen zu, bevor sie sich umdreht und Benedikt folgt. Er hält den Aktenkoffer fest in der Hand und läuft in Richtung der Häuser. Sie ist durchtrainiert und hat keine Probleme, ihm zu folgen. Ursula denkt nur an eines, während sie neben ihm sprintet: Daß sie auf dem Weg nach Hongkong, am besten auf der Fähre, Benedikt umbringen und den Koffer kassieren muß. Sie können nicht mehr zusammenbleiben, jetzt, da sie einander wirklich kennen. Sie muß Ben umbringen. Alles andere wäre tödlich.

Alptraum in Rio

Gott hat Mann und Frau erschaffen, sie zusammengefügt und aus dem Paradies vertrieben. Es ist der vierte Tag ihrer Reise, sechsundneunzig Stunden Zweisamkeit, und Gertrud mustert ihren Mann mit gnadenloser Objektivität. Wenn er jemals eine Show in der Badehose moderieren würde, wären seine Einschaltquoten gleich Null, denkt sie und sieht angeekelt auf seine stark behaarten Beine, den kleinen, fetten Bauch, die absackenden Schultern. Überall Haare, außer am Kopf, wo sich bereits eine Lichtung zeigt, die er mit Frisörkunst zu überspielen versucht.

Gottfried schläft. Sein Mund steht weit offen, und er sieht so einfältig aus, wie er ist – außer, wenn Fernsehkameras auf ihn gerichtet sind. Dann verwandelt sich Gottfried Arenz in den perfekten Mann und Showmaster, in einen attraktiven, geistreichen Teufel, den die Massen lieben. Frauenmassen, denkt Gertrud und überschlägt die Fanpost, die zu Hause auf ihrem Schreibtisch landet. Sie lieben seine erotische Ausstrahlung und seinen jugendhaften Charme. Kamera ab: Nach jeder Show bekommt Gottfried einen Weinkrampf, beschimpft anschließend sein Team und ist tagelang miesester Laune, weil irgend etwas in der Sendung schiefgegangen ist – und wenn es nur eine Kameraeinstellung war, die seine «falsche Seite» zeigte, die mit der beginnenden Glatze.

Für Gertrud ist Gottfried ein kleines, übellauniges, boshaftes Kind. Alle, die ihn wirklich kennen, hassen ihn. Sie hat ihn vor vier Jahren geheiratet, als er ein junges, aufstrebendes Fernsehtalent war und Gertrud eine unbedeutende Redakteurin, zuständig für unbedeutende Sendungen, für deren Einschaltquoten sich niemand interessierte. Sie hat ihn geheiratet, weil er über ihrem Balkon tausend Rosen aus einem Hubschrauber niederrieseln ließ. Das war seine größte Privatshow, danach kam das Medienspektakel der Hochzeit – und dann eigentlich nichts mehr.

Gertrud ist Gottfrieds Managerin, seine Psychotherapeutin, Krankenschwester, Ernährungsberaterin, Haushälterin, Sekretärin. Sie lebt sehr komfortabel in seinem Schatten, doch das reicht ihr natürlich nicht mehr, jetzt, da sie das Erfolgsspiel beherrscht und die Regeln durchschaut. Jetzt möchte sie höher pokern, eine Produktionsfirma gründen, das ganz große Geld verdienen – und bedauerlicherweise steht Gottfried zwischen ihr und ihren Plänen. Er weigert sich, irgendeine Form von Risiko einzugehen, weil sein Ego einer riesigen Seifenblase gleicht. Er ist feige, undankbar, illoyal. Nur wenn die Kameras auf ihn gerichtet sind, wenn Journalisten ihn interviewen oder wenn er im Mittelpunkt einer Party steht – dann verwandelt sich Gottfried in Superman. Anfangs hat sie das beeindruckt. Seit langer Zeit findet sie seine Showtime nur noch irritierend und lächerlich. Manchmal ertappt sie sich dabei, daß sie Journalisten von seinen Hämorrhoiden erzählen möchte, von seiner panischen Angst vor Fußpilz oder seiner Weigerung, irgend etwas zu lesen, das nicht direkt mit seiner Show zu tun hat. Von seiner Vorliebe für Hardpornos aus Japan oder der gräßlichen Angewohnheit, beim Essen zu schlürfen. Es gäbe vieles zu erzählen, doch Gertrud hält den Mund, weil sie am Tropf seines Images hängt. Sie baut ihn auf und klammert sich an dem Gerüst fest, das eines Tages mit lautem Knall zerbersten wird.

Denn davon ist sie überzeugt: Eines Tages werden die Zuschauer den wahren Gottfried erkennen, das dumme, eitle Arschloch, das sie jahrelang an der Nase herumgeführt hat.

Besser wäre natürlich, ihn beizeiten umzubringen und das gemeinsame Geld in eine Produktionsfirma zu investieren. Es würde reichen, denkt Gertrud, sie hat Gottfrieds Einkünfte zinsgünstig angelegt, in seinem Namen natürlich – und nie wird sie sich verzeihen, daß sie vor der Eheschließung einen Gütertrennungsvertrag unterschrieben hat. Zu all seinen schlechten Eigenschaften kommt noch Geiz hinzu. Er ist mit ihr nur nach

Rio de Janeiro geflogen, weil der Sender die Reise bezahlt. Eine Außenaufnahme in einem dieser gräßlichen Slums: Gottfried verteilt vor laufenden Kameras Geld und Geschenke an hungernde Gören, das wird dann in der nächsten Sendung eingeblendet, um dem Publikum zu demonstrieren, daß Superman keine Wege und Mühen scheut, Gutes zu tun. Spendet reichlich, liebe Leute, nehmt euch Gottfried zum Vorbild, der sich nicht scheut, vor euer aller Augen eine Träne zu verdrücken ob des Elends der Kinder in der Welt. Erst hatte man an Afrika gedacht, doch dann fand der Produktionsleiter, daß brasilianische Kinder telegener sind, mehr milchschokoladenhaft.

Morgen wird gedreht, heute liegt der Hauptdarsteller am Pool des *Cobacabana Palace* und schnarcht im Schatten des Sonnenschirms. Hohe weiße Mauern halten den Verkehrslärm ab, der von der Avenida Atlantica nur noch schallgebremst zu hören ist. Dahinter der berühmte Strand, das Meer: Gottfried wollte nicht an die Cobacabana zum Baden, weil der Strand ihm zu gefährlich ist. Außerdem kennt ihn in Rio keiner, denkt Gertrud boshaft. So viele schöne Frauen, die achtlos an ihm vorübergehen, das würde seinem Ego irreparablen Schaden zufügen.

Gertrud blättert in der Post, die man ihr an den Pool gebracht hat, als Gottfried aus seinem Schattenschlaf erwacht. Er greift nach seinem Drink, den sie ihm automatisch entgegenhält. «Scheußlich heiß ist es hier», sagt er mißmutig.

«Paß auf, daß du dir keinen Sonnenbrand holst. Betroffene Blässe sieht telegener aus.»

«In deinem Alter sind Sonnenfalten auch nicht gerade attraktiv, liebste Gertrud.»

Automatisch schiebt sie den Sonnenhut nach vorne. Wie lange ist es her seit dem letzten Beischlaf? Monate, Jahre? Liegt es an den Falten oder daran, daß er Sex mit dem einzigen Menschen bevorzugt, den er wirklich liebt, nämlich sich selbst. Während er sich seine Videos reinzieht, zieht er ihn raus . . . Man hat sich beizeiten auf getrennte Schlafzimmer geeinigt.

Gertrud lächelt: «Die Einschaltquoten deiner letzten Sendung sind um vier Prozent zurückgegangen. Ein gewisser Trend sei erkennbar, meint der Produktionsleiter. Er vergaß nicht zu erwähnen, daß dein Vertrag in sechs Monaten ausläuft.»

Jetzt hat sie ihn. Mit einem Ruck setzt er sich auf, verschüttet einen Teil seines Drinks, starrt auf Gertrud, als habe sie ihm eben verkündet, daß der Poolbereich pilzverseucht sei. «Das kann nicht sein Ernst sein. Ich bin das beste Pferd im Stall, Number one. Ohne mich ist die Show tot. Ich werde ihn sofort...»

«Mein Lieber.» Gertrud hält ihn mit einer Handbewegung zurück. «Ich habe ihm gesagt, daß du mindestens 20 Prozent mehr fordern wirst, weil es äußerst lukrative Angebote von anderen Sendern gibt. Wenn überhaupt etwas verändert wird, dann das Konzept der Show. Dr. Wessel ist der Meinung, daß mehr Exotik reinsollte... aber darüber mußt du dir deinen Kopf nicht zerbrechen, dafür werden andere bezahlt.»

«Vier Prozent!» Gottfried sinkt in seinen Stuhl zurück. Sein Gesichtsausdruck spiegelt wider, daß er persönlich beleidigt ist und jeden Zuschauer haßt, der ihn abgeschaltet hat. Haßt, haßt, haßt. Er beobachtet Gertrud, die wieder geschäftig über Papierkram hängt: die goldene Brille auf der Nase, rothaarig, blaß und dünn, ein Typ, der vor seiner Zeit altert, aber natürlich schrecklich effizient. Sie liebt es, seine gute Fee zu spielen, und manchmal übertreibt sie es, aber im großen und ganzen ist sie ein angenehmer Manager seines Lebens. Kostet außerdem keine 15 Prozent!

«Vier Prozent», wiederholt er mit leidender Stimme und hält Gertrud sein leeres Glas hin. An seinem ausgestreckten Arm baumelt ein goldenes Kettchen, das Gertrud ihm zum letzten Geburtstag gekauft hat. 41 Jahre ist Gottfried Arenz, der strahlende Held deutscher TV-Glotzer, und er spielt bereits mit dem Gedanken, sich liften zu lassen.

«Trink nicht so viel, das schwemmt auf», sagt Gertrud, während sie einem Kellner winkt, der im brasilianischen Wiegeschritt auf sie zukommt. Wenn es ihr nicht gelingt, ihn umzubringen, muß sie ihm zu Hause eine Entwässerungsdiät verordnen. Das Auge der Kamera ist erbarmungslos; bei der letzten Sendung war der Ansatz von Tränensäcken zu erkennen. Wenn er so weitermacht, denkt Gertrud, wird er in ein paar Jahren den Musikantenstadl moderieren, Tränensäcke und Tränendrüsen gehen da nahtlos ineinander über. Mein Gott, was könnte sie alles mit dem Geld anfangen, wenn Gottfried nicht wäre. Sie ist clever und würde es zu einer Top-Frau im Produktionsgewerbe bringen. Aber da ist Gottfried, sehr lebendig und doch auf dem absteigenden Ast. Er wird sie mit sich ziehen, hinunter in die Bedeutungslosigkeit eines Ex-Fernsehstars. Trotz der Hitze läuft ihr ein Kälteschauer über den Rücken, wenn sie sich ausmalt, mit diesem Mann alt zu werden.

Der Kellner bringt den Gin Tonic und ihren Kaffee, und eine Matrone im Bikini hat sich angepirscht und hält Gottfried ein Blatt Papier unter die Nase. Er lächelt die fette Autogrammjägerin huldvoll an und läßt sich erzählen, daß er ihr schönstes Urlaubserlebnis sei, während er seinen Namen unter «Liebe Urlaubsgrüße» kritzelt. Gertrud würde ihm am liebsten ihren heißen Kaffee zwischen die Beine schütten, während er sich von der Frankfurterin einen Kuß auf die Backe geben läßt. Ist die Frau blind? Sieht sie nicht, wie lächerlich er aussieht ohne Maßanzug und Schminke?

Jetzt grinst er Gertrud triumphierend zu, bevor er die paar Schritte zum Pool macht, in Sandalen natürlich wegen der Pilzgefahr. Den Bauch hat er eingezogen, noch geht es, und sein Hechtsprung in das azurblaue Chlorwasser ist filmreif.

Wie bringt man einen Mann um, der vollkommen gesund und überaus vorsichtig ist? Ohne sein Team bewegt sich Gottfried keinen Schritt aus dem Hotel. Rio ist ein gefährliches Pflaster, doch wie kann sie ihn dazu bringen, sich in Gefahr zu begeben?

Die zündende Idee kommt Gertrud während der Dreharbeiten. Die Mannschaft agiert geschäftig in einer Favela, die ausgewählt wurde, weil sie nicht allzuweit vom Hotel entfernt ist. Der Assistent des Produktionsleiters hat die Vorarbeiten geleistet, das Schutzgeld bezahlt, die Polizeieskorte organisiert und den

Slumbewohnern den Bau eines Kindergartens schmackhaft gemacht. Dafür kriegen sie einen Scheck von Gottfried. Ein Kindergarten für die armen Slumbabys und Kleinkinder, die mit großen, gierigen Augen um sie herumstehen. Ziemlich schmutzig sehen sie aus, und Gertrud registriert mit Befriedigung den angeekelten Gesichtsausdruck des guten Menschen, der ganz in Weiß mitten unter ihnen steht und ungeduldig auf das Zeichen des Regisseurs wartet.

Gottfried wedelt mit dem Scheck: «Und wem zum Teufel überreich ich ihn?»

«Die Mütter kommen gleich», schreit der Regieassistent, der schweißgebadet versucht, die Kinder kameragerecht zu arrangieren. Die Plagen sind schrecklich undiszipliniert, er hatte ihnen in seinem perfekten Portugiesisch Kuchen und Bonbons versprochen, und jetzt schreien sie wild durcheinander und wollen vorher essen, die gierigen Monster. Er verflucht den Produktionsleiter, der die Idee hatte, diese Benefizscheiße in die Arenz-Show einzubauen. «Soforthilfe für die Kinder der Welt», als ob es nicht auch arme Alte getan hätten, die machen nicht so viel Krach und lassen sich besser herumschieben.

Der zweite Regieassistent scheucht die Polizisten zurück, die mit ihren arroganten Gesichtern und antiken Knarren auch ins Bild wollen. Die Maskenbildnerin drängt sich zu Gottfried durch, um ihn frisch zu pudern. Der Toningenieur brüllt auf, weil angeblich ein Mikro fehlt, das kurz später gefunden wird. Der Regisseur verhandelt per Dolmetscher mit den Müttern, die sich «aufgeputzt haben wie Nutten». Diese, seine Worte werden nicht übersetzt, doch die Mütter sind bockig, bis der Regisseur ein paar Scheine hinblättert, die sie dazu bewegen, ihren Modeschmuck abzulegen.

«Dies hier ist eine Zumutung», schreit Gottfried seiner Frau zu, die er für das meiste verantwortlich macht, das schiefläuft. «Hätte man die Leute nicht ins Studio holen können – und vor allem weniger von ihnen?»

Bevor Gertrud antworten kann, heult er auf, weil eines der

Kinder seine weiße Hose verschmutzt hat. Die Gören lachen über sein Geschrei, das macht ihn rasend, was haben die überhaupt zu lachen bei der Scheiße, in der sie stecken?

«Wir müssen eine Ersatzhose aus dem Hotel besorgen», sagt Gertrud, während der Regisseur auf ihn zustürmt. Gottfried weist in stummer Anklage auf seine verschmutzte Hose, die Mütter mischen sich in das Chaos. «Ruhe», schreit der Produktionsleiter, und der Dolmetscher übersetzt. Es wird still für ein paar Sekunden, bis ein kleiner Junge aufheult, der über ein Kabel gestolpert ist. «Sind wir versichert?» fragt der Produktionsleiter seinen Assistenten, und dieser nickt beruhigend.

«Ich mach das nicht mehr mit.» Gottfried hat sich unter das Sonnendach neben seine Frau begeben, jemand reicht ihm Eistee, und die Maskenbildnerin pudert zum vierten Mal seine Nase. Er findet, daß Gertrud erstaunlich kühl aussieht in dieser Affenhitze. Kühl und sonderbar abwesend, als ob seine Leiden sie nicht berührten. Schweres Geschütz ist gefragt, und Gottfried zischt in seinem übellaunigsten Ton, daß er jetzt zurück ins Hotel fahre und mit dem nächsten Flug nach Hause.

«Das wäre ziemlich teuer, mein Lieber.» Gertrud reicht ihm die Ersatzhose, die mit einem Polizeiwagen herbeigeschafft wurde. «Soll ich mich etwa hier umziehen?» Eine echte Träne quillt aus Gottfrieds rechtem Auge, er ist fertig, fix und fertig, merken die das nicht?

Gertrud tätschelt ihm die Wange. «Warte noch mit den Tränen, bis die Kamera so weit ist, Lieber. Du bist wunderbar, wenn du gerührt bist. Und beruhige dich, wir wollen den Leuten hier keineswegs deine Designer-Unterhosen vorführen.» Sie winkt jemand, der ihn zu einem der Häuser führt, besser gesagt einer windschiefen Hütte mit Wellblechdach, unter dem sich die Hitze staut. Gottfried ist geschockt über die Garderobe, die man ihm zumutet. Er wird Gertrud anweisen, eine Schmutzzulage zu fordern. Er wird . . .

«Können wir nun endlich anfangen?»

Auch der Ton des Produktionsleiters ist unangemessen. Gottfried wirft ihm einen mörderischen Blick zu, der sonst den Studiogästen vorbehalten ist, die zu viel reden und ihm die Show stehlen wollen.

«Wo ist der Scheck?»

«Welcher Scheck?»

«Na, der Scheck, den du überreichen sollst. Die Assistentin hat ihn dir gegeben, als wir anfangen wollten.»

Gottfried kann sich vage an einen Scheck erinnern, hält es jedoch für besser, dies abzustreiten. «Na, hör mal, das müßte ich doch wissen.»

«Wo ist der Scheck, verdammt!» brüllt der Produktionsleiter, als sie zum Ort des Geschehens zurückkehren, wo ein Kameramann bereits Bonbons und Zigaretten an die Kinder verteilt, um sie zu beruhigen. Die Assitentin schwört, daß sie ihn Gottfried in die Hand gedrückt hat. Gottfried bestreitet dies entrüstet und winkt Gertrud herbei. «Der Scheck ist weg», sagt er anklagend.

«Vermutlich hat ihn jemand geklaut», sagt Gertrud mit unangemessener Gelassenheit.

«Sofort sperren lassen.» Der Produktionsleiter verflucht seine Idee, das Design der Arenz-Show zu verändern. Mit diesem Volltrottel kann man nur im Studio arbeiten, denkt er erbittert. Gottfried sieht aus wie ein schwitzender Clown, dem man gesagt hat, daß er überhaupt nicht komisch sei. «Schluß, Ende. Wir machen morgen weiter, morgen früh.» Er wendet sich an den ersten Assistenten: «Du arrangierst das mit den Leuten hier. Zahl ein paar Scheine drauf, wenn es nötig ist, aber laß dich nicht übers Ohr hauen. Wir haben den Etat bereits überzogen.»

Scheiße, denkt der erste Assistent, den man zurücklassen wird, das Chaos aufzulösen und für den nächsten Tag neu zu formieren. Die Gegend ist ihm nicht geheuer und die Leute sowieso nicht. Dagegen wirken die Junkies in Köln wie Chorknaben. Er sieht auf Gertrud, die nachdenklich auf die Männer blickt, die im Hintergrund stehen, hinter den Polizisten. Brasilianische Mafia. Zuhälter, Dealer, Killer. So sehen sie aus, denkt Gertrud, und fragt sich, was wohl ein Mord kosten würde in Rio? 5000 Mark? Oder weniger?

Ob die Englisch sprechen? Sie kann ja nicht gut den Dolmetscher einspannen, wenn sie einen von den Jungs fragt, was es denn kosten solle, Gottfried Arenz aus der Welt zu schaffen.

«Gertrud, kommst du endlich?» Gottfried steht an der klimatisierten Limousine, die man für seinen Aufenthalt gemietet hat. Auf dem Weg ins Hotel wechseln sich Weinkrämpfe mit Drohungen ab. Gertrud ist schuld. Sie hat dem neuen Design zugestimmt. Wo sie doch weiß, daß er Kinder nicht ausstehen kann. Von dem Dreck und der Hitze ganz zu schweigen. Und Rio ist eine gräßliche Stadt, voller Mörder und streunender Hunde, die Krankheiten übertragen.

Der Chauffeur dreht sich kurz um. In tadellosem Englisch sagt er, daß Rio eine wunderbare Stadt sei, die schönste der Welt. Es gäbe nur zu viele Arme in Rio, Straßenkinder, die Hungerleider in den Slums. Von denen würden alle reden, aber nicht von den kleinen, ehrlichen Leuten, die hart arbeiten, so wie er.

Gertrud gibt ihm ein angemessenes Trinkgeld und folgt ihrem Mann in die Hotelsuite, wo er die Badezimmertür mit lautem Knall zuschlägt. Sie hört Wasser rauschen, überlegt und verwirft die Idee mit dem Fön.

Sie verläßt die Suite und geht an die Hotelbar. Die Idee, die ihr während der Dreharbeiten gekommen ist, bedarf sorgfältiger Recherchen. Wer kennt sich besser aus in einer Stadt als der Barmann eines Luxushotels?

José heißt er, und er mixt ihr einen Champagner-Cocktail und steckt mit geübtem Griff den 100-Dollar-Schein ein, den sie auf die Theke gelegt hatte. Sein Englisch ist makellos, und seine Manieren sind es auch. Er zuckt nicht mit der Wimper, als Gertrud ihn nach dem «schärfsten Luxusbordell der Stadt» fragt. «Es muß aber auch ein bißchen gefährlich sein, verstehen Sie, wegen des Nervenkitzels. Exotik, Abenteuer, Sex... Sie wissen schon, was ich meine. Und Geld spielt natürlich keine Rolle.»

Diese und ähnliche Fragen hatte er schon öfter gehört, allerdings nicht von Frauen. «Meinen Sie eine Bar mit homosexuellen Frauen, Madam?

Gertrud schüttelt ungerührt den Kopf. «Nein, nein. Ich suche was für meinen Mann. Er braucht ein bißchen Abwechslung, wenn Sie verstehen, was ich meine.»

Er versteht es nicht, aber es ist ihm so gleichgültig wie das Schicksal der Straßenkinder. «Das Milieu ist nicht ganz ungefährlich», sagt er. «Aber wenn Ihr Mann wirklich was erleben will, kann ich ihm das *El Paradiso* empfehlen. Etwas für Kenner, wird auch von Japanern frequentiert. Es liegt etwas außerhalb, aber jeder Taxifahrer kennt die Adresse. Man kann bloß während der Regenzeit nicht hin, weil die Straße durch Slums führt. Wissen Sie, was die Leute dann tun? Die verstopfen die Gullies, damit die Straßen überschwemmt werden, und wenn dann ein Wagen liegenbleibt, dann kommen sie aus ihren Löchern und plündern die Insassen aus. Manchmal...»

Die Geste quer über den Hals ist eindeutig. Gertrud bedauert zutiefst, daß in Rio die Sonne scheint. Aber man muß aus jeder Situation das Beste herausholen. Sie schiebt noch eine 100-Dollar-Note über die Theke. «Wenn mein Mann gleich an die Bar kommt, werde ich mich kurz verabschieden, und dann sprechen Sie ihn an und empfehlen ihm das *El Paradiso*. Schwärmen Sie ihm von den tollen Frauen vor, vergessen Sie die Japaner nicht und vor allem: Es ist total sicher! Das ist wichtig. Mein Mann ist ein ängstlicher Typ, der das Abenteuer liebt. Den Widerspruch müssen Sie nicht verstehen, bloß sagen, was ich Ihnen aufgetragen habe. Alles klar?»

«Okay, okay.» Er glaubt ihr kein Wort, doch José glaubt an Dollars und was man damit kaufen kann. Touristen interessieren ihn ohnehin nur in Form von Trinkgeld. Also sagt er dem Ehemann später, was sie ihm aufgetragen hat, und kassiert dafür eine Ein-Dollar-Note, ein beleidigender Betrag, für den er ihm den Teufel an den Hals wünscht.

Gottfried übersteht den nächsten Morgen, er hat moderat getrunken, ist früh zu Bett gegangen und hat sich von Gertrud versichern lassen, daß seine Rio-Einlage beim Publikum wunderbar ankommen wird. Solchermaßen gestärkt, übersteht er mit gemäßigter Hysterie die Pannen des zweiten Drehtages und produziert eine Träne genau im richtigen Moment, als die Kamera voll auf ihn hält. Er geht auf die Kinder zu, ganz in Weiß, und die Kamera hält ihre staunenden Gesichter fest, als er den Müttern die Geschenke überreicht: Kleidung, Medizin, Nahrungsmittelgutscheine und schließlich den Scheck für den Kindergarten, den neuen Scheck. Die Mütter segnen ihn dafür, sein Kameragesicht ist von verhaltener Betroffenheit – und dann noch eine Träne, als ein paar Kinder ihn auf die Wange küssen und sein weißes Hemd beschmieren.

«Wundervoll», sagt der Regisseur, und Gertrud lächelt ihren Mann bewundernd an. Er ist gut, er ist der Beste. Sie alle wissen es, und es war ganz richtig, das Design der Show zu ändern. Die Einschaltquoten werden emporschnellen, der Applaus wird ihn umbrausen, sein Lächeln ist so strahlend, daß selbst einige der Mütter es für echt halten. Gertruds Lächeln geht tiefer. Sie hat den Abend, an dem Gottfried sich für seinen Auftritt schonte, nicht untätig verbracht. Sie hat sich von dem Chauffeur durch Rio fahren lassen; sie hat mit dem Mann lange gesprochen und den Eindruck gewonnen, daß man sich glänzend versteht.

Selbstverständlich muß man für alles im Leben bezahlen, aber dieses Prinzip ist ihr nicht unbekannt. Gertrud ist siegessicher – und es hat nichts mit der Show zu tun.

Auch Gottfried ist bester Laune, und er läßt sie sich dadurch nicht verderben, daß Gertrud über Unwohlsein klagt und verkündet, daß sie an diesem Abend früh zu Bett gehen wolle. Ganz im Gegenteil...

«Ins *El Paradiso*», sagt er zu seinem Fahrer, der ihm vierundzwanzig Stunden zur Verfügung steht. Der Chauffeur sieht mißmutig aus, aber was kümmern ihn die Launen von Subalternen? Feste muß man feiern, wie sie fallen, und außerdem hatte er es nicht gewagt, ein paar seiner Videos einzupacken. Der Barmann hatte ihm versichert, daß der Schuppen absolut sicher und hygienisch sei. Top-Standard und VIP-Treatment, Super-Sex... eigentlich hätte er gern jemand aus dem Team mitgenommen, sicherheitshalber, doch andererseits läßt er sich nicht gern in die Karten sehen. Gertrud ist die einzige, die ihn wirklich kennt, und dabei soll es auch bleiben.

Die Scheiben seiner Limousine sind dunkel getönt, und Gottfried bleibt der Anblick der Slums erspart, die jenseits der Straße liegen. Er sieht nur die glitzernden Lichter von Rio, und seine Stimmung schwankt zwischen Angst und Erregung. Etwa eine halbe Stunde fahren sie, bis sie vor einem Haus am Strand anhalten, das dezent beleuchtet ist. Der Fahrer weist mit dem Finger auf eine Tür, als Gottfried unsicher aus dem Wagen späht.

«Sieht aber nicht sehr vertrauenserweckend aus», murmelt Gottfried in seinem schlechten Englisch.

«Es ist sehr diskret», sagt der Fahrer und lächelt merkwürdig. Die Gegend ist mies, die Menschen sind mies, und es kommt nur darauf an, zu überleben. Wenn er es schafft, mit seiner Familie in eine bessere Gegend zu ziehen, werden seine Chancen, zu überleben, steigen. Rio bietet nicht viele Chancen, doch er hat seine erkannt. Der Mann ist ein Fremder, weshalb sollte er Mitleid mit ihm haben – mit ihm oder seiner gräßlichen Frau?

«Sie bleiben hier und warten auf mich. Wenn ich in zwei Stunden nicht zurück bin, rufen Sie die Polizei, verstanden?»

Der Fahrer erklärt, daß er ein paar Runden ums Haus drehen müsse, sicherheitshalber, damit mit dem Auto nichts passiere. Das gefällt seinem Gast nicht, aber er steigt dennoch aus. Der Chaffeur fährt langsam an und wirft noch einen Blick auf die Gestalt vor dem *El Paradiso*. Dann tritt er aufs Gaspedal.

Die Straßenjungen, die den Mann am Strand finden, checken zunächst, ob er noch lebt und etwas bei sich trägt, das sie gebrauchen können. Er ist in eine Decke gewickelt, er lebt noch, und daß sie eine gut gefüllte Brieftasche finden ist ein Glücksfall im Morgengrauen. Der Mann stöhnt ein wenig, als sie ihm die Uhr vom Arm lösen, aber so schwach, daß sie es nicht für nötig halten, ihm den Rest zu geben. Sie laufen atemlos und strahlend den Strand entlang in ein sicheres Versteck, lange bevor die Polizei ihn bei einer Routinekontrolle findet. Die Polizisten fordern einen Krankenwagen an, der den Verletzten mit Blaulicht und Sirene in das nächste Krankenhaus bringt.

Er lebt noch. Gertrud steht an seinem Krankenbett, und alles Leid dieser Welt ist in ihren Augen, als sie ihm versichert, daß er nicht sterben wird. «Du hast wirklich Glück gehabt», sagt sie. «Man hat dich gekidnappt und dir eine Niere herausoperiert. Und dann hat man dich an den Strand gebracht. Eine komische Geschichte, nicht?»

Auch Gertrud kann nicht darüber lachen. Der Mann, dem sie fünftausend Dollar gegeben hat, hat sie betrogen und doppelt kassiert. Statt einen Killer anzuheuern, hat er Gottfrieds Niere verkauft – und die Idioten haben ihn auch noch am Leben gelassen. Ein kleiner, gieriger Chauffeur hat Gertrud Arenz ausgetrickst – und es gibt nichts, was sie dagegen tun kann.

Gottfried wird ohnmächtig, und sie ruft eine Krankenschwester, nicht allzu schnell und nicht allzu hoffnungsvoll. Der Mann hat eine erstaunliche Konstitution, und man hat ihn in Anbetracht der Umstände sehr fachmännisch operiert. Die Narbe sieht zwar häßlich aus, aber Gertrud kann verstehen, daß die Leute in Eile waren. Organhandel ist eines der Geschäfte, das in Städten besonders gut funktioniert, in denen ein Leben nicht viel wert ist. Die Polizei hat ihr versichert, daß ihr Mann großes Glück hatte: Gelegentlich werden unfreiwillige Organspender auch umgebracht.

Wie sie ihn haßt, den Mann, der Glück im Unglück hatte. Als er die Augen aufschlägt, sagt sie: «Was hattest du überhaupt in dieser üblen Gegend zu suchen?»

Gottfried schließt die Augen. Er fühlt sich schrecklich und kann sich an nichts mehr erinnern außer dem Stich der Nadel, als er die Klingel des *El Paradiso* betätigen wollte. Seine kostbare Niere, daran muß er denken, an die Todesgefahr, in der er geschwebt hat. Infektionen, der Gedanke, daß nicht steril operiert wurde, bringt ihn einer weiteren Ohnmacht nahe. Ganz entfernt hört er Gertruds sachliche Stimme.

«Na gut, du brauchst es mir nicht zu sagen. Am besten erzählst du den anderen, daß du noch ein wenig frische Luft schöpfen wolltest und dich verirrt hast. Ich habe mit der Pressetante telefoniert. Sie meint, daß es einen unglaublichen Publicity-Gag gibt: Gottfried Arenz, der Mann, dem eine Niere geklaut wurde. Der gute Mensch von Rio. Wenn du live auftrittst, werden die Einschaltquoten die fünfzig Prozent überschreiten, darauf kannst du Gift nehmen.»

«Meinst du wirklich?» Gottfried spürt, daß es ihm ein klein wenig besser geht.

«Aber ja, mein Lieber. Wir werden nach dieser Show den neuen Vertrag aushandeln. Mindestens fünfzigtausend mehr pro Auftritt. Ist das nicht wundervoll?»

Gertrud lächelt gequält in sein fahles Gesicht. Man muß aus jeder Situation das Beste machen. Ihr Leitmotiv. Doch es ist die Story ihres Lebens, das sie immer das Beste gewollt und nicht bekommen hat.

Maries Liebhaber

Maries Liebhaber ist bei der Feuerwehr und ihr Mann bei der Polizei. Marie hat eine gewisse Neigung zu Uniformen, sie mag auch Karneval und Kostümfilme und neigt zu Tränen, wenn es kein Happy-End gibt. Sie ist seit fünf Jahren verheiratet; seit fünf Monaten leistet sie sich den anderen, der jünger ist als Michael, besser aussieht und eben ein Liebhaber ist, kein Ehemann.

Der einmal übergesprungene Funke glüht im Verborgenen. Man trifft sich in der Mittagspause – Marie besitzt einen kleinen Friseursalon und ist relativ flexibel – oder auch abends, wenn Michael Dienst hat. Man trifft sich in verschwiegenen Lokalen oder auf dem Rücksitz ihres Autos. Maries Liebhaber ist ebenfalls verheiratet; er hat einen kleinen Sohn und denkt nicht an Scheidung, genausowenig wie Marie, die mit den Dingen des Lebens ganz zufrieden ist. Ihr Laden läuft, ihre Ehe geht ihren Gang – und sie hat einen Liebhaber, der das Geheimnisvolle und Aufregende verkörpert, das in ihrem Alltag fehlt. Gewissensbisse hat sie keine, schließlich ist sie sehr nett zu Michael, eine ausgeglichene, strapazierfähige Ehefrau, die ihren Mann weder mit unangemessenem sexuellem Appetit noch mit unzeitgemäßen Migräneattacken nervt. Marie denkt oft, daß mehr Ehefrauen ihrem Beispiel folgen sollten: Viele ihre Kundinnen sehen so unzufrieden, so gelangweilt aus. Sie würden nicht über dies und jenes klagen, wenn sie begehrt würden. «Frauen leiden zu gerne», sagt sie oft zu ihrem Liebhaber, der ein bißchen aussieht wie Richard Gere, während ihr Mann eher ein Günter-Strack-Typ ist: gemütlich, zuverlässig, lieb.

Marie, Michael und Liebhaber: Das wäre sicher eine Weile gutgegangen, wenn es diese Dienstreise nicht gegeben hätte – und die Weinkiste. Als Michael zu einem Fortbildungskurs die

Stadt verließ, ausgerechnet in der Zeit streikte das Auto des Liebhabers, und Marie mit ihrem großen Herzen lieh ihm ihren Golf. Wie konnte sie ahnen, daß diese noble Geste in die Katastrophe führen würde? Wenn das Schicksal russisches Roulette spielt, fühlt man die Mündung an der Schläfe nicht.

Marie fühlt das Knistern in ihrem Herzen. Sie wartet auf ihren Liebhaber und ihr Auto, nachdem sie das Geschäft abgeschlossen hat. Sie freut sich auf einen schönen Abend zu zweit, auch wenn sie es ganz in Ordnung findet, daß Michael am nächsten Tag zurückkommt, sozusagen das Kontrastprogramm zu ihrem Liebhaber. Man kann nicht immer Filet essen, pflegt Marie zu sagen. Sie mag auch Currywurst mit Bratkartoffeln, und genau das wird sie zubereiten, wenn Michael zurückkommt.

Das Gesicht ihres Liebhabers ist anders als sonst, bewölkt sozusagen, und Marie riecht den Grund, als sie die Wagentür öffnet. Ihr Golf stinkt wie ein ausgelaufenes Weinfaß, und die weißen Ledersitze sind rotgesprenkelt.

«Oh, mein Gott», sagt Marie.

«Es war Rotwein», sagt der Liebhaber. «So ein Trottel vor mir hat 'ne Vollbremsung gemacht – und ich mußte auch bremsen, sonst wär ich ihm reingefahren. Dabei sind ein paar Flaschen zu Bruch gegangen. Sie lagen auf dem Rücksitz.»

Die Ledersitze sind hin, denkt Marie. Das ist ärgerlich. Erstens ist der Golf nur geleast und zweitens ist sie eine Frau, die ihr Geld zu hart verdient, um es sorglos auszugeben. «Irgendwer muß mir das ersetzen», sagt sie zu ihrem Liebhaber. Richard Gere hätte jetzt schon einen Scheck gezückt...

«Der Typ ist einfach weitergefahren, während ich mich um den Wein kümmerte», sagt er jetzt. «Außerdem sind weiße Ledersitze das letzte...»

Dazu könnte Marie einiges sagen, aber nach dem ersten Schock denkt sie weiter – und diese Gedanken sind furchtbar. «Michael wird es merken», sagt sie mit Panik in der Stimme. «Der Gestank und die Flecken – die krieg ich nicht weg bis morgen früh, verstehst du. Was sag ich ihm denn?»

Er kann ihre Aufregung nicht verstehen. Für Liebhaber haben Ehemänner blind, taub und stumm zu sein. «Na, sag ihm einfach, du hast eine Kiste Wein gekauft, für 'ne Freundin oder so, und dabei ist dir das Malheur mit der Vollbremsung passiert.»

Marie muß sich beherrschen, ihn nicht anzuschreien. «Michael trinkt keinen Alkohol, ich auch nicht – und die paar Freunde, die wir haben, sind ebenfalls keine Weintrinker. Mein Mann ist kein Idiot, weißt du. Schließlich ist er Polizist. Oh, mein Gott...»

Er sitzt in ihrem Auto, das er ruiniert hat, und macht ihr untaugliche Vorschläge, Michael zu belügen. Je mehr er redet, desto überzeugter ist Marie, daß die Katastrophe unausweichlich ist. Morgen früh wird sie ein Geständnis ablegen müssen. Vielleicht läßt sich dies und jenes ein wenig abmildern, aber sie muß eine gute Geschichte erzählen, denn Michael weiß, wie sie an dem Golf hängt und daß sie ihn niemals verleihen würde. Marie denkt mit zunehmender Panik an Geständnisse, die ihr erlaubten, so weiterzuleben wie bisher: in Frieden und Harmonie, mit Michaels Liebe und Vertrauen. Dafür würde sie in diesem Moment alles opfern, auch den Liebhaber. Das Leben besteht nicht aus Aufregung, sondern aus Alltag. Und ihr fällt nichts ein, keine einzige plausible Lüge...

Sie steigt zu ihm ins Auto, obwohl der Gestank so penetrant ist, daß ihr beinahe schlecht wird. «Fahr los», sagt sie, «vielleicht fällt uns unterwegs etwas ein.»

Die Spannung zwischen ihnen hat mit Erotik nichts mehr zu tun. Marie denkt an Michael und ihr Liebhaber daran, daß er ihr den Schaden ersetzen muß – und das ausgerechnet, da er zweitausend Mark für die Reparatur seines Wagens hinblättern muß. Pleite ist kein Ausdruck für den Zustand seines Kontos, und er weiß, daß die Bank ihm keinen Kredit mehr geben wird.

Er hält an einem Parkplatz im Kottenforst an und klappt einmal nicht die Sitze nach hinten. Maries Gesichtsausdruck ist hysterisch: «Ich werd ihm alles gestehen müssen, und es wird furchtbar werden. Michael kann manchmal so jähzornig sein.»

«Er wird dir doch nichts antun?» Die spontane Frage mündet in Überlegungen, ob Michael imstande wäre, *ihm* etwas anzutun. Verdammte Marie! Wenn sie ihm bloß ihr Auto nicht geliehen hätte.

Marie und ihr Liebhaber sitzen über eine Stunde im Auto, dessen Türen geöffnet sind. Doch der säuerliche Geruch verfliegt nicht, und die dunklen Flecke erscheinen ihr wie Blut. Marie beginnt zu weinen, auch das hilft nicht weiter, und ihr Liebhaber wünscht sich, zu Hause zu sein, bei seiner Frau und dem Kind und den noch verbliebenen Weinflaschen. Er ist durstig und hat ohnehin nicht verstehen können, warum Marie nur Cola trinkt. Eine ganze Sippschaft von Antialkoholikern, das ist ja beinahe asozial. Alles wäre halb so schlimm, wenn Marie Weintrinkerin wäre.

Der Liebhaber schweigt, Marie weint – und beiden ist klar, daß die Liebe zu Ende ist. Jetzt kann es nur noch darum gehen, einen Ausweg zu finden, sie ohne Komplikationen zu beenden. Einen Ausweg...

«Ich hab's», sagt der Liebhaber, der bei der Feuerwehr ist. «Wir fackeln das Auto ab.»

Marie heult auf: «Bist du verrückt?»

Nein, er ist nicht verrückt, sondern genial. Seine zündende Idee hilft Marie und befreit ihn von ihren Schadensersatzansprüchen. Er muß sie ihr nur noch verkaufen und darauf vertrauen, daß sie alles richtig macht.

«Paß auf: Du bist heute abend zu deiner Mutter gefahren, genau diese Strecke, weil du dem Berufsverkehr auf der Autobahn ausweichen wolltest. Plötzlich riechst du Rauch. Du hältst an, steigst aus dem Wagen und bemerkst zu deinem Schrecken, daß er anfängt zu brennen. Du läufst weg – und gerade rechtzeitig, weil dein Auto jetzt explodiert und in Flammen aufgeht. Du hältst den nächsten Autofahrer an, der die Feuerwehr benachrichtigt, aber natürlich ist es zu spät. Dein Wagen ist ausgebrannt...»

Marie wischt sich die letzte Träne weg. «Du bist verrückt»,

sagt sie, aber ihre Stimme klingt anders als zuvor. «Wie willst du das bewerkstelligen, ich meine, daß das Auto einfach ausbrennt?»

Das ist keine Frage für einen Mann, der beinahe täglich mit dem Feuer spielt: «Das mach ich mit links, Marie. Paß auf: Du fährst mich jetzt zu einem Freund, dessen Auto ich mir leihe. Der hat immer ein paar Kanister Benzin im Wagen, damit fahren wir an eine geeignete Stelle hier an der Straße. Während du aufpaßt, daß niemand kommt, verteile ich das Benzin auf dem Rücksitz, zünde es an – und päng...»

«Päng», wiederholt Marie mit zweifelnder Stimme. Doch sie beginnt zu erkennen, daß er recht hat: all ihre Probleme würden in Schall und Rauch aufgehen. «Und was passiert dann?»

«Dann fahr ich weg, fülle die leeren Benzinkanister auf und bringe den Wagen zurück zu meinem Freund. Du hältst den nächsten Autofahrer an und erzählst deine Geschichte. Am besten weinst du dabei... und auch dein Mann wird froh sein, daß du mit dem Leben davongekommen bist. Die Leasing-Firma wird informiert, die Versicherung zahlt, und du bekommst einen neuen Wagen. So einfach ist das.»

Je mehr er die Geschichte durchdenkt, desto besser gefällt sie ihm. Kein Geld, kein Ärger, vielleicht ist es sogar möglich, die Affäre mit Marie fortzusetzen, obwohl ihm im Moment nicht danach ist.

«Ist das nicht strafbar?» fragt Marie. Schließlich ist sie mit einem Polizisten verheiratet.

«Na, hör mal, du betrügst doch auch das Finanzamt. Manchmal muß man Dinge tun, die nicht ganz in Ordnung sind. Außerdem kann dir überhaupt nichts passieren. Du mußt nur genau das tun, was ich dir gesagt habe.»

Er wiederholt es noch einmal, manchmal ist sie etwas schwer von Begriff. Marie fragt, ob sie ihre Handtasche «retten könne», und er rät ihr, sie besser im Wagen zu lassen, wegen der Glaubwürdigkeit. Das Geld könne sie ja aus dem Portemonnaie nehmen und in die Jackentasche stecken.

«Und die Schlüssel? Und meine Papiere?»

«Mensch, Marie, ein bißchen mußt du deinem Eheglück schon opfern.»

Ja, das versteht sie. Ihr Gesicht ist entschlossen, sie fühlt sich allmählich als perfekte Komplizin, und sie fährt den Wagen, während ihr Liebhaber nach einer geeigneten Stelle Ausschau hält, seine zündende Idee umzusetzen.

Eine knappe Stunde später läuft eine schreiende Frau von einer Parkbucht auf die Straße und hält mit wilden Gesten einen Autofahrer an, der den brennenden Golf bereits bemerkt hat und nach seinem Autotelefon greift. Die Frau weint hysterisch, während er die Polizei informiert. Rettungswagen, Feuerwehr und Polizei kommen prompt, aber es gibt nichts, was zu retten wäre. Die Autofahrerin ist verstört, jedoch intakt. Der Wagen ist ein verkohltes Wrack. Gaffer beleben die Szene. Ein Polizist tröstet das Opfer, das sich als Ehefrau eines Kollegen zu erkennen gibt. Die Polizei fährt Marie nach Hause.

Geschafft! Sie wählt die Nummer ihres Liebhabers und läßt dreimal klingeln, das verabredete Zeichen, daß alles nach Plan gelaufen ist. Marie schläft schlecht in dieser Nacht, doch sie ist davon überzeugt, das Richtige getan zu haben. Schließlich ist eine Ehe wichtiger als ein Auto!

Warum sieht Michael sie so komisch an, als sie ihm davon erzählt, mit zitternder Stimme und den abschließenden Worten: «Hätte ich nicht so schnell reagiert, ich hätte verbrennen können, stell dir das vor!»

Mitleid, Entsetzen, überschäumende Freude über ihr knappes Entkommen hat Marie erwartet, nicht aber den Satz: «Passiert selten, daß ein Auto einfach so abbrennt.»

Marie hält Michael vor, herzlos zu sein, und er nimmt seine Frau in den Arm und klopft ihr auf den Rücken. «Vielleicht eine defekte Benzinleitung», murmelt er in ihren Hals. Marie lacht: «Laß mich nie wieder allein. Du siehst ja, was passieren kann...»

Marie und Michael holen nach, was Marie und ihr Liebhaber am Vortag versäumt haben. Der eheliche Beischlaf ist nett wie immer, und Marie stöhnt besonders laut, vielleicht auch aus Triumph und Erleichterung. Am nächsten Tag ruft sie die Leasing-Firma an, um den Schaden zu melden. Michael muß zurück zu seinem Fortbildungskurs und verabschiedet sich mit einem innigen Kuß. Alles ist wie immer. Alles ist in Ordnung.

Wenn alles gutgeht, so hat Marie dem lieben Gott geschworen, wird sie ihre Affäre beenden. Der Deal funktioniert nicht, doch das ahnt sie nicht, als sie mit ihrem Liebhaber telefoniert. Sie sagt ihm, daß man sich in nächster Zeit nicht sehen sollte, was seinen Wünschen durchaus entgegenkommt.

Während Marie einer Kundin die Haare rot färbt, telefoniert der zuständige Sachbearbeiter der Polizei mit einem Sachverständigen für Brandursachen. Seine Aktivitäten haben etwas damit zu tun, daß sein Kollege, der Ehemann der Geschädigten, ihm bei der letzten Beförderung vorgezogen wurde. Dem Sachverständigen sagt er, daß der Anfangsverdacht einer Brandstiftung bestehe. «Wir wollen nur auf Nummer Sicher gehen, es wäre am besten, wenn Sie sich den Wagen einmal ansehen.» Der zuständige Polizist tut nichts als seine Pflicht – und etwas mehr. Gerade wenn es sich um Fälle von Kollegen handelt, ist besondere Sorgfalt angebracht – und Schweigsamkeit, bis die Akte geschlossen ist.

Das Sachverständigen-Gutachten ist zwanzig Seiten lang und in seiner Aussage eindeutig: Brandstiftung. Gaschromatographische Untersuchungen ergaben Benzinrückstände im Innenraum des Wagens. Diese konnten nicht aus der Kraftstoffanlage des Fahrzeuges stammen, da Benzinleitungen nicht durch den Fahrzeuginnenraum, sondern entlang dem Fahrzeugunterboden laufen. Abschließend schreibt der Gutachter, daß nach seinen Feststellungen sowohl im Innenraum wie auch über die Außenflächen des Fahrzeuges Benzin großflächig verteilt und entzündet worden sei.

Das Gutachten ist von so wunderbarer Klarheit, daß der zuständige Polizist sofort zum Telefon greift. Man habe da noch ein paar offene Fragen...

Marie läßt ihren Salon im Stich und fährt mit der Taxe zur Polizeiwache. Sie kann die offenen Fragen nicht beantworten. Sie weint. Sie bleibt bei ihrer Geschichte, auch wenn das Gesicht des Polizisten immer skeptischer wird.

Man läßt sie gehen – vorerst. Doch nun ist es ein Akt von Kollegialität, den Ehemann der Beschuldigten zu informieren. Als Marie nach Hause kommt, wartet Michael auf sie. Wie kann man einen Ehemann *und* Polizisten belügen, der aus einem Gutachten zitiert und immer neue bohrende Fragen stellt? Marie leugnet und weint, doch nach zwei Stunden und am Ende aller Lügen hat nur noch die Wahrheit Bestand. Marie gesteht alles: den Ehebruch, den Verleih ihres Autos, die verdammten Weinflaschen, die zündende Idee, die Ausführung. Die Wahrheit sprudelt aus ihr heraus, nichts läßt sie aus, und die ganze Zeit hört er ihr aufmerksam zu, unterbricht sie nicht, urteilt nicht.

Als Marie endlich aufhört zu reden, steht Michael auf. Groß und breit steht er vor ihr und sagt: «Du bist dümmer als die Polizei erlaubt. Und dein Liebhaber ist ein noch dümmeres Arschloch. Erzähl den Kollegen, was du willst. Ich habe mit deinen Angelegenheiten nichts mehr zu tun.»

So hat er noch nie mit ihr gesprochen. Buße ist angesagt, und Marie blickt demütig zu ihrem Mann auf und flüstert: «Ich wollte ihn ohnehin verlassen, weil ich doch nur dich liebe.»

Es reicht nicht. Nichts, was sie jetzt sagt, kann ihn dazu bewegen, bei ihr zu bleiben. Er packt einen Koffer, während Marie auf ihn einredet, heult und klagt und sich von der Täterin in das Opfer verwandelt. «Du kannst mich nicht verlassen», ruft sie ihm nach, während er mit schwerem Gepäck zur Tür geht.

Er kann. Er geht. Als die Tür hinter ihm zufällt, sucht Marie nach Schlaftabletten, findet nur drei und schluckt sie mit dem Gefühl, daß man sterben könne, wenn man nur wolle.

Dank der kostenintensiven Bemühungen eines Verteidigers lautet die Anklage nur auf Sachbeschädigung, nicht auf Versicherungsbetrug. Der Ehemann bleibt verschwunden. Marie beschimpft ihren Liebhaber am Telefon mit den unflätigsten Worten, die sie kennt, so daß ihr seine Worte, die er dazwischengebrüllt hat, erst zu Bewußtsein kommen, als sie schon den Hörer auf die Gabel schmettert. «Vor einer Woche sind meine Frau und der Junge ausgezogen.» Es kümmert sie nicht.

Sie erhält einen Anruf von der Leasingfirma, die von der Polizei offenbar informiert wurde. Der Herr von der Leasingfirma ist in Anbetracht der Umstände recht freundlich. Man werde von einer Betrugsanzeige absehen, sagt er, wenn Marie ihre Leasingraten weiterbezahle bis zum Vertragsende und dann die vereinbarte Ablösesumme von zwanzigtausend Mark entrichte. In diesem Fall, so der Herr von der Leasingfirma, betrachte man das Vertragsverhältnis als intakt und sehe keinen Anlaß zu einer Betrugsanzeige.

Marie widerspricht ihm nicht. Sie widerspricht auch der Sachbearbeiterin der Versicherung nicht, die ihr mitteilt, daß sie die Vollkasko-Versicherung nicht kündigen könne, solange der Vertrag mit der Leasingfirma bestehe.

Marie leidet, weil sie es nicht gewohnt ist, alleine zu leben und von niemandem verwöhnt zu werden. Marie geht zu Fuß zu ihrem Salon und verpaßt ihren Kundinnen gräßliche Schnitte und Farben, während sie ihren lächerlichen Problemen zuhört. Marie zahlt ihre Leasingraten und die Vollkasko-Versicherung für das ausgebrannte Autowrack, das sie auf ihre Kosten vom Polizeigelände entfernen muß.

In dieser dunkelsten Phase ihres Lebens bleibt ihr nur ein Trost: Der Haß auf ihren Liebhaber und die Angst ihres Liebhabers, daß sie ihn bei der Polizei als Komplizen und Brandstifter verraten könnte. Solange sie es nicht tut, hat Marie ihn in der Hand. Natürlich muß er ihr Schweigen bezahlen und die Kosten für ein Auto tragen, das de facto nicht mehr existiert. Es ist, wie der Liebhaber erfahren muß, jedoch nicht aus der Welt zu schaffen, das Auto, das er angezündet hat, um Marie zu helfen. Denn als er es zum Schrottplatz bringt, muß er erfahren, daß ein Leasing-Wagen im gültigen Vertragsverhältnis nicht einfach verschrottet werden kann.

Jeden Morgen, wenn er zur Arbeit fährt, sieht er die ausgebrannten Reste von Maries Wagen, den er unweit seiner Wohnung auf städtischem Gelände abgestellt hat. Das Wrack erinnert ihn an den Kredit, den er zu Wucherzinsen aufnehmen mußte. Es erinnert ihn an Marie, die ihn jeden Tag anruft und für ihr Elend verantwortlich macht. Dabei ist sie doch an allem schuld. Auch daran, daß ihn seine Familie verlassen hat. Und nun vollenden es die Kredithaie: Sein Leben wird ihm zur Hölle gemacht.

Marie liest immer wieder die fünf Zeilen auf der Ansichtskarte. *Marie, es mußte wohl so kommen. Endlich habe ich eine Frau gefunden, der ich vertrauen kann. Wir sind schon eine richtige Familie. Michael.*

Es hilft nicht, das verkohlte Ding mit der Axt zu bearbeiten, nachdem ihm die Stadt schrieb, daß er das Autowrack von ihrem Gelände entfernen möge. Der Liebhaber hält in seinem sinnlosen Tun inne, steigt in sein Auto und fährt zu Maries Wohnung. Auf seinem Nebensitz liegt ein Kanister mit Benzin. Er ist Feuerwehrmann. Nur Feuer kann vernichten, was ihn zu vernichten droht.

Die Kaution

Sie ist eine unscheinbare Frau. Graues Kostüm, braune Haare, braune Augen, eine Symphonie in Moll. Diese Frau hat in ihrem Leben sicher wenig Applaus bekommen, denkt die Rechtsanwältin, als die Ehefrau ihres Mandanten vor ihr steht: Martha Bayer, geborene Hufschmid, fünfundfünfzig Jahre, Hausfrau.

Die Anwältin ist jung und smart und weiß, daß sie nicht so aussehen wird in späteren Jahren. Sie sagt: «Bitte setzen Sie sich doch.» Mit Angehörigen inhaftierter Mandanten geht sie pfleglich um, denn ihrer Meinung nach gehört auch Seelenmassage zu den Aufgaben eines guten Anwalts. Martha Bayer sieht aus, als ob sie geweint hat. Sie trägt kein Make-up und umklammert ihre altmodische Handtasche. Beim Sitzen preßt sie die Knie zusammen. Wie erwartet sagt sie mit tragischer Stimme: «Das alles muß ein Irrtum sein. Mein Mann hat sich nie was zuschulden kommen lassen.»

Das sagen sie alle, die Mandanten und ihre Angehörigen. Die Anwältin seufzt und blättert in ihren Akten. «Ihrem Mann, liebe Frau Bayer, werden Korruptionsdelikte zur Last gelegt.»

Ein verständnisloser Blick aus rehbraunen Augen. «Bestechlichkeit», sagt die Anwältin. «Laut Aktenlage hat ihr Mann erhebliche Summen bzw. Geschenke im Zusammenhang mit der Vergabe von Bauaufträgen erhalten. Wir können offen sprechen, denn Ihr Mann hat mich von der anwaltlichen Schweigepflicht befreit.»

Martha Bayer preßt die Handflächen zusammen. «Mein Mann ist doch nur ein kleiner Beamter im Bauamt. Er ist kein Verbrecher, das ist Josef nicht.»

Die Sache ist viel komplizierter, der Mann hat vor öffentlichen Ausschreibungen seine «Interessenten» informiert, so daß sie ihre Angebote miteinander abstimmen und lukrativ gestalten konnten. Eine Hand wäscht die andere, das ist nichts Neues in diesem Land. Wo es um Millionen und Milliarden geht, darf etwas Schmutz haften bleiben, ohne daß man sich gleich als Verbrecher fühlt. Soll sie das der armen Frau Bayer erklären? Angesichts der halben Million, die die Staatsanwaltschaft beweisen zu können glaubt, hätte er seiner Frau ruhig ein nettes Kostüm kaufen können. Vermutlich hat er inklusive Reisen und Geschenken mehr kassiert, denkt die Anwältin. Hat die arme Martha Bayer wirklich nie bemerkt, daß ihr Amtmann über seine Verhältnisse lebte?

Martha Bayer fühlt sich unbehaglich in der feinen Anwaltskanzlei, ein unerhebliches Gefühl angesichts der Katastrophe, die über ihr Leben hereingebrochen ist. Josef, der immer wußte, was zu tun ist, dreiunddreißig Ehejahre lang, jetzt hat er sie gewissermaßen im Stich gelassen. Josef Bayer, der immer korrekt, ja penibel war, sitzt im Gefängnis, in Untersuchungshaft, wie die Anwältin sagt, und nun muß sie allein Entscheidungen treffen. Sie kann es nicht. Vor allen Dingen: Sie kann nicht glauben, was die Anwältin ihr erzählt...

«Gegen fünfzigtausend Mark Kaution könnten wir Ihren Mann aus der Untersuchungshaft freibekommen», sagt die Anwältin. Martha fragt nach, weil die Summe ihr so unglaublich hoch erscheint. Auf dem Sparkonto sind siebzehntausend Mark, das Reihenhaus ist noch nicht abbezahlt, immer nur haben sie gespart, sind nicht in Urlaub gefahren... und die alte Waschmaschine macht es auch nicht mehr lange... all das erzählt Martha Bayer der Anwältin, um Josefs Unschuld zu belegen. Sie sagt ihr auch, daß sie ein Haushaltsbuch führen mußte und immer nur das billigste Gemüse kaufte.

Ein armes Luder bist du, denkt die Anwältin. Vielleicht sollte man wirklich nicht heiraten, sondern heterosexuelle Bedürfnisse im Vorübergehen ausleben. Andererseits, der smarte Politiker, mit dem sie seit kurzem ausgeht, ob er von ihr fordern würde, ein Haushaltsbuch zu führen...?

Sie ist geneigt, Martha Bayer zu glauben, schließlich hat sie ihren Mann in drei Gesprächen kennengelernt: Typ Beamter, der sich wichtig nimmt, bestimmt geizig, denn er fragte sofort nach den Verteidigungskosten; kleinkariert, eitel und bar jeder Schuldgefühle. «Diese Gepflogenheiten sind doch gang und gäbe im Baugewerbe», hatte er beim ersten Gespräch gesagt. Eine unsachliche Einlassung – und ein unsympathischer Mensch, aber in ihrem Beruf kann sie wohl kaum erwarten, überwiegend nette Leute zu treffen.

«Haben Sie Ihren Mann auf seinen Reisen nie begleitet, Frau Bayer?»

Martha schüttelt den Kopf: «Es waren ja Dienstreisen», sagt sie. «Wir sind zusammen nur zu seiner Mutter gefahren, in den Schwarzwald.» Sie hat auch kein Geld, die Kaution zu bezahlen, denkt Martha. Ob sie das Haus verkaufen soll? Wie schnell würde das gehen, vor allem, wie sollte sie das bewerkstelligen, wo doch Josef immer alles Finanzielle geregelt hat? Sie weiß ja nicht mal, was das Haus wert ist. Und außerdem, daran hängt sie, seit zehn Jahren ist das Haus ihr Leben, sie fühlt sich wohl darin, ist ja selten rausgekommen.

Von Luxusreisen erzählt die Anwältin jetzt, und daß Josefs Dienstreisen gar keine waren. Ansichtskarten hat er ihr immer geschickt und erzählt, wie anstrengend solche Reisen sind... Miami, Paris, New York, Hongkong... Komisch, daß sie ihn nie gefragt hat, sondern immer mit dem zufrieden war, was er ihr erzählte.

Die Anwältin sieht auf ihre Uhr: «Am besten ist wohl, wenn Sie die Frage der Kaution mit Ihrem Mann besprechen, Frau Bayer. Ich besorge Ihnen für morgen eine Besuchserlaubnis, und danach rufen Sie mich an. Vielleicht klappt es ja doch noch.»

Er muß ihr jetzt doch ein paar Kleinigkeiten erklären, denkt die Anwältin mit einer Spur von Häme. Von seinen Geheimkonten beispielsweise, sie tippt auf Luxemburg oder Österreich, irgendwie ist Josef Bayer kein Zürich-Typ. Eher der Typ, der seiner Frau jahrzehntelang tyrannisiert und kurzgehalten hat.

Natürlich suchen sich Opfer immer ihre Täter aus, vermutlich ist Martha der Typ, der sich gern unterwirft und lustvoll leidet... dennoch ärgert es sie, was Männer mit Frauen veranstalten... ungestraft. Die Anwältin verabschiedet Martha Bayer mit einem aufmunternden Nicken und der Bemerkung «Wir werden das schon schaffen.» Sie wird ihr nicht sagen, daß eine Freiheitsstrafe zu erwarten ist.

Martha Bayer besucht ihren Mann im Gefängnis und lauscht schweigend seinen Klagen über das schlechte Essen und die Langeweile, die Demütigung und Ungerechtigkeit. Er fragt nicht, wie es ihr geht. Hat er das je getan? Er weiß von der Kaution, und er verweist sie an die Anwältin. Die wisse Bescheid und habe mittlerweile auch eine Vollmacht.

«Wofür?»

«Frag nicht so dumm, die Anwältin weiß Bescheid.» Josef Bayer wirft einen bezeichnenden Blick auf den Vollzugsbeamten, der vorgibt, nicht zuzuhören. Er gibt Martha Anweisungen, welche Rechnungen zu bezahlen sind. Natürlich kann sie von dem gemeinsamen Konto abheben, hat sie das nicht gewußt?

Martha geht zum ersten Mal zur Bank, um Geld abzuheben. Sie ignoriert die neugierigen Blicke der Nachbarn und beruhigt Josefs Mutter, die zum wiederholten Mal anruft. Auch den schweren Gang in die Anwaltskanzlei erledigt sie prompt. Die Anwältin übergibt ihr eine Vollmacht über ein Konto in Luxemburg, erklärt ihr im Detail, wie sie das Geld abheben, nach Hamburg bringen und bei der Gerichtskasse in bar einzahlen muß. Martha ist verwirrt. Sie begreift schließlich, daß sie die fünfzigtausend Mark in ihrem Namen einzahlen und keine Fragen nach der Herkunft des Geldes beantworten muß.

Martha reist nach Luxemburg und kommt zurück mit einer Einkaufstasche voller Scheine. Sie macht alles genau so, wie ihr die Anwältin gesagt hat. Sie ist eine gute Frau, auch wenn sie sich während der Zugfahrt so ihre Gedanken gemacht hat über Josef, seine Reisen und sein Geld. Josef ist beinahe liebenswürdig, als sie ihn einen Tag später am Gefängnis abholt.

Vom Dienst suspendiert, in Erwartung des Prozesses ist Josef Bayer doch sehr gereizt in den folgenden Wochen. Es ist niemand da, an dem er seine Frustration über den Unrechtsstaat auslassen könnte, außer bei seiner kühlen Anwältin – und bei Martha. Sie erträgt es geduldig bis zum Prozeßbeginn. Sie versucht, ihn mit gutem Essen aufzumuntern. Sie hört ihm aufmerksam zu, wenn er von den «Lappalien» erzählt, für die man ihn an den Pranger stellt. Sie ist lieb und verständnisvoll, vielleicht etwas still in diesen Tagen. Ihr Mann merkt es nicht.

Als während des Prozesses der Haftbefehl aufgehoben und die Kaution frei wird, muß Martha zu Gericht, um die fünfzigtausend Mark abzuholen. Josef Bayer erklärt ihr, daß sie das Geld direkt zur Anwältin bringen solle. Sie steht vor ihm, die altmodische Handtasche an ihre Brust gepreßt, und hört seinen Anweisungen aufmerksam zu. Dann sagt sie: «Das Geld ist in meinem Namen einbezahlt, also gehört es mir, Josef. Ja, sieh mich ruhig so dumm an: Ich werde es behalten. Ich wollte immer schon mal eine Reise in die skandinavischen Länder machen und fand die Urlaube bei deiner Mutter im Schwarzwald gräßlich. Auf Wiedersehen, Josef... und mach deinen Mund zu.»

Der sofortige Anruf bei seiner Anwältin steigert seinen gerechten Zorn. Die Anwältin bestätigt ihm, daß er rechtlich keinen Zugriff auf die fünfzigtausend Mark habe. Josef Bayer tobt, aber da ist niemand, der ihm zuhört. Martha hat das Haus verlassen.

Tod eines Gerichtsvollziehers

Brutaler Mord an Gerichtsvollzieher: Die Schlagzeile der Lokalzeitung ist verkaufsfördernd und der Unterschied zwischen Mord und Totschlag eine juristische Spitzfindigkeit, der Journalisten nicht immer zu folgen vermögen. Die Anklage gegen Rüdiger Lessing, zweiunddreißig Jahre alt, Angestellter, wohnhaft in Köln, lautet auf Totschlag. Der Autor des Artikels schreibt über den Mörder Rüdiger L. er geht gern über Leichen, um seine Leserschaft zu befriedigen.

Für David Malthus, Vorsitzender einer Strafkammer am Landgericht Köln, ist es ein Prozeß wie jeder andere. Es gibt Totschläger und Mörder, und der Richter hat in seiner dreißigjährigen Karriere viele gesehen und ist darüber sehr grau und ein wenig weiser geworden. Jede Tat hat ihre eigene Geschichte – und doch gleichen sie einander, die Umstände und Ereignisse, die zu einem Verbrechen führen. Die Umstände haben mit Geld oder Liebe zu tun – beziehungsweise dem Mangel daran. Die Ereignisse sind dann nichts weiter als schicksalhafte Verkettungen zwischen Opfer und Täter.

Rüdiger Lessing hat den Gerichtsvollzieher Otto Wernike mit einem röhrenden Hirschen erschlagen, genauer gesagt mit einem Ölgemälde von seltener Geschmacklosigkeit, dessen schwerer Eichenrahmen jedoch vermochte, die Schädeldecke des Opfers zu zertrümmern, zumal der Schlag mit großer Wucht geführt wurde. Bei dem Tatwerkzeug handelte es sich um ein Erbstück, das über dem Bett des Täters hing. Bei der Rekonstruktion des Verbrechens ging die Polizei davon aus, daß das Opfer das Gemälde pfänden wollte und es darüber zu einem Streit kam, der mit einer Gewalttat endete.

Einzelheiten wurden nicht bekannt, denn der Täter machte

von seinem Recht zu schweigen Gebrauch. Er schwieg gegenüber den vernehmenden Polizeibeamten, die von Drohungen bis zu verständnisvollem Zureden alle Register ihrer Vernehmungskunst spielen ließen. Er schwieg gegenüber dem Staatsanwalt, der die Rechte eines Beschuldigten ernster nahm und alsbald seufzend aufgab. Vielleicht hätte die Anklage auf «Körperverletzung mit Todesfolge» gelautet, wenn der Täter nicht so verstockt gewesen wäre. Otto Wernike hatte eine außergewöhnlich dünne Schädeldecke, wie der Gerichtsmediziner feststellte.

Richter Malthus hat die Akten studiert und sich kein Bild von dem Angeklagten machen können. Er ist neugierig, ein außergewöhnlicher Zug an einem altgedienten Richter, der im Namen des Volkes urteilt und die Bösen von den Guten trennt, für eine Weile wenigstens, bis sie in bösen Gefängnissen wieder gut geworden sind. Malthus hat gewisse Zweifel an diesem System, doch er weiß kein besseres. Also urteilt er nach bestem Wissen und Gewissen – und manchmal schläft er schlecht, weil es ihm anmaßend erscheint, mittels Paragraphen Schicksal zu spielen.

Malthus ist neugierig und ein wenig voreingenommen, weil schweigsame Angeklagte dem Richter das Leben schwermachen und dem Menschen das Mitgefühl mit dem Täter erschweren. Muß man nicht verstehen, um urteilen zu können? Richter Malthus gilt unter manchen Kollegen als «Weichmacher». Seine Urteile liegen in der Regel unter den Anträgen der Staatsanwaltschaft, und sein Ton entbehrt jener Schärfe, die Richter gegenüber verstockten Angeklagten und zähen Zeugen an den Tag legen.

Manchmal dauern Malthus' Prozesse sehr lange, weil der Mann zweifelt und nach der Wahrheit sucht, die in Gerichtssälen unter Akten und Ängsten verborgen liegt. Doch diesmal haben die Prozeßbeteiligten Glück. Vielleicht liegt es am gütigen Gesichtsausdruck des Richters oder auch an der Überredungskunst des Pflichtverteidigers: Der Angeklagte bricht sein Schweigen. Der Angeklagte läßt sich zur Person und Sache ein.

Rüdiger Lessing hatte keine schwere Kindheit, wie er es formuliert, sondern eine «ganz normale». Was ist normal, will Malthus fragen, doch er hält sich daran, die Einlassungen von Angeklagten nicht zu unterbrechen. Die Protokollführerin gähnt, und der Schöffe putzt sich die Nase. Menschliche Tragödien, die in einem Gerichtssaal wiederaufgeführt werden, entgleiten oft ins Banale. Malthus fixiert durch seine Brille den Lokaljournalisten, der den Angeklagten einen Mörder genannt hat.

Nach der mittleren Reife absolvierte Rüdiger Lessing eine Lehre als Friseur, wechselte dann in den kaufmännischen Bereich, wo er sich vom Lehrling zum Abteilungsleiter «Sport und Freizeit» eines großen Kaufhauses emporarbeitete. Seinen Monatsverdienst gibt der Angeklagte mit 2845,50 Mark netto an.

Malthus hört aufmerksam zu, auch wenn der Lebenslauf bereits aktenkundig ist. Er mustert den Angeklagten und malt sich sein Bild: schmal und muskulös, weder schön noch häßlich, das Gesicht ist offen, doch nicht unbedingt sympathisch. Rüdiger Lessing ist für sein Einkommen teuer gekleidet, und der Richter findet die modisch-bunte Krawatte abscheulich. Malthus tippt auf Minderwertigkeitskomplexe und Probleme mit Frauen. Der Mann erscheint ihm als nicht besonders intelligent, jedoch clever für den Hausgebrauch, leicht beeinflußbar und vermutlich sehr reizbar – siehe röhrender Hirsch. Ein Mensch ohne besondere Merkmale bis auf die Krawatte und die Tatsache, daß er wegen Totschlag vor Gericht steht.

«Meine Probleme begannen, als meine Ehe scheiterte.»

Malthus freut sich, wenn seine Gedankenspiele Bestätigung erfahren. Der Angeklagte zögert, und er nickt ihm aufmunternd zu. Reden ist Gold, mein Junge. Die meisten Richter honorieren reuige Geständnisse, wie dir dein Verteidiger sicher gepredigt hat. Es verstärkt ihr vages Gefühl, den lieben Gott zu spielen. Statt zehn Vaterunser zehn Jahre, dann sei dir vergeben im Namen des Volkes. Und es wird Zeit, Malthus, in den wohlverdienten Ruhestand zu gehen ...

Der Angeklagte hebt seine Stimme: «Neben dem persönlichen Schmerz gab es noch das finanzielle Problem. Meine Frau, also Ex-Frau, hat nach der Scheidung nicht gearbeitet, obwohl sie während der Ehe als Kosmetikerin sozusagen privat ein bißchen dazuverdient hat. Sie wissen ja, wie das ist: Sie wollte sich nur noch um das Kind kümmern und von meinem Geld leben. Natürlich hat sie nach der Trennung schwarz gearbeitet, aber das konnte ich ihr nicht beweisen.»

Nein, lieber Angeklagter, ich weiß nicht, wie das ist mit den Ex-Frauen. Die meine ist mir seit vierunddreißig Jahren zugetan, und wenn es auch manche Krisen gab, waren wir beide zu altmodisch, um gleich an Trennung zu denken.

«Naja, und die Ausgaben liefen weiter, für die Wohnung, das Auto, den Einrichtungskredit, das Fitneß-Center, ein Bierchen ab und zu. Sie wissen ja, wie das ist.»

Besitzstände wahren, das kennen wir. Richter Malthus denkt an seine gemütliche Bibliothek und die vielen Bücher, die er nicht missen möchte. Zwar hat er kein Verständnis für die Notwendigkeit körperlicher Ertüchtigung an Fitneßgeräten, doch es gibt liebgewonnene Errungenschaften, von denen man sich nicht trennen möchte. Ein Bier ab und zu, auch dagegen ist nichts einzuwenden. Ein Seitenblick auf die Schöffen sagt ihm, daß auch sie den bisherigen Ausführungen des Angeklagten folgen können, ja eine gewisse Sympathie für seine Scheidungsnotlage aufbringen.

«Na und dann geriet ich mit den Zahlungen in Rückstand. Genauer gesagt, ich hab ihr statt der 1380 Mark nur noch 800 überwiesen, für eine Weile, wie ich ihr gesagt habe, bis ich finanziell wieder auf den Beinen bin. Aber geschiedene Frauen, Herr Vorsitzender, sind erbarmungslose Geldeintreiber. Keinen Pfennig, hat sie gesagt. Ja und dann hat sie einen Titel gegen mich erwirkt und die Zwangsvollstreckung betrieben. So heißt das wohl. Sie hat mir den Gerichtsvollzieher in die Wohnung geschickt, meine geschiedene Frau.»

Otto Wernicke. Ein Opfer seines Berufes, denkt Richter Malthus, der schon manche Drohung eines Verurteilten gehört hat. Einem jüngeren Kollegen wurde kürzlich während eines Haftprüfungstermins ein Messer in den Bauch gestoßen, eine scheußliche Sache, obwohl ebendieser Richter für seine erbarmungslose Härte berüchtigt war. Handelte es sich in diesem Fall um einen sadistischen Gerichtsvollzieher? Wie konnte dieser überaus durchschnittliche Mensch vor ihm so in Rage geraten, daß er auf Wernike losging? Mußte der arme Wernike stellvertretend für die Ex-Frau sterben? Er wird ihn später fragen, wer wen verlassen hat, aus Neugierde, denn für die Tat spielt es vermutlich keine Rolle.

«Es war der Gerichtsvollzieher Otto Wernike. Eigentlich fand ich ihn ganz sympathisch, ich meine, er zeigte irgendwie Mitgefühl, und das tut einem gut in so einer Situation. Ich wußte ja wirklich nicht, wo ich das Geld hernehmen sollte, es reichte hinten und vorne nicht. Gott sei Dank verdiente meine Freundin ganz passabel, naja, sie ist dann bei mir eingezogen und hat einen Teil der Miete bestritten und – zu zweit wirtschaftet es sich einfach besser, verstehen Sie.»

Der Richter versteht, daß ein Mann eine Frau braucht. Vermutlich war die Freundin der Scheidungsgrund, man könnte das später erfragen. Eine gutverdienende Freundin kann sich einen Mann leisten, der Unterhalt für Frau und Kind zahlen muß. Aber Malthus kann sich durchaus vorstellen, daß die Freundin im Verlauf der Beziehung doch etwas unruhig wurde angesichts der Unterhaltszahlungen und Besuche des Gerichtsvollziehers. Ob sie Lessing Vorhaltungen machte, sich über Geldknappheit beschwerte, ihm sagte «Wir könnten so schön in Urlaub fahren, wenn deine Ex-Frau nicht wäre»?

Rüdiger Lessing sieht zu seinem Verteidiger, der weniger aufmerksam zuhört als der alte Richter. Ein Pflichtverteidiger, denkt Lessing unsicher: Was nichts kostet, ist nichts, so heißt es doch. Anwälte, Ärzte und Mechaniker sind Leute, denen man nicht in die Karten schauen kann. Man kann ihnen kaum widersprechen. Man kann Frauen nicht trauen, niemals. War sein Leben nicht in Ordnung, bis Vera ihn verließ, wegen eines Seitensprungs, naja, ein paar Wochen hat es schon gedauert, aber sie war doch selbst schuld mit ihrer Kälte, nur das Kind im Kopf und zwischen den Beinen spielte sich nichts mehr ab. So war es doch. Statt froh zu sein, daß er seine Bedürfnisse woanders abreagierte, spielte sie die verletzte Ehefrau, rannte sofort zum Anwalt, ließ nicht mehr mit sich reden, nur noch über Geld, Geld, Geld...

Die Männer in den schwarzen Roben warten darauf, daß er ihnen erzählt, wie es war. Besonders der Alte mit den grauen Haaren sieht so aus, als ob er ihn verstehen würde. Ein netter Richter, hat sein Anwalt gesagt. Was soll man sich darunter vorstellen? Einen Freispruch? Als er in den Saal geführt wurde, hat er Erika draußen sitzen sehen. War ja klar, daß sie sich das Spektakel nicht entgehen läßt. Schick sieht sie aus in ihrem neuen Kostüm, gedeckte Farben, vermutlich trauert sie um Wernike. Rüdiger Lessing fühlt bei dem Gedanken an den Gerichtsvollzieher wieder die ohnmächtige Wut, die damals...

Die Protokollführerin wird ungeduldig, und Richter Malthus murmelt: «Wollen Sie nicht fortfahren, Herr Lessing?»

«Also meine Freundin, Frau Erika März, ist im August bei mir eingezogen. Anfangs war es ganz schön, wir haben uns sogar verlobt, aber mit der Zeit kam es zu Streitereien wegen des Geldes. Meine Ex-Frau hätte teure Klamotten an, sagte sie, während sie selbst alles in unseren Haushalt stecken müßte. Ich weiß nicht, woher sie das wußte, das mit den Kleidern, jedenfalls war sie unzufrieden mit unserer finanziellen Situation. Und dann kam Otto Wernike zum zweiten Mal ins Haus, um zu vollstrekken. So nennt man das wohl. Erika war zufällig da, und wir kamen ins Gespräch, und er hat uns beide zu einem Bier eingeladen.»

Wir kommen zum Motiv Eifersucht... Richter Malthus erinnert sich an die Fotos des Opfers, die den Akten beilagen. Schwer zu sagen, ob der Mann vorher attraktiv gewesen war, jedenfalls war Wernike Junggeselle, ein paar Jahre älter als Lessing, jedoch ein Mann ohne finanzielle Verpflichtungen. Frauen achten auf so etwas, wenn sie in die Jahre kommen. Und Tragödien beginnen damit, daß der Gerichtsvollzieher zu einem Glas Bier einlädt. Nein, nicht frivol werden, Malthus, hier steht ein Mensch... Wer hat das gesungen?... Mein Gott, man wird alt. Alt und senil und vielleicht auch der Geschichten müde, die nicht böse, sondern nur banal und traurig sind.

«Wir haben seine Einladung angenommen, er machte anfangs einen sehr guten Eindruck auf mich. Wernike spendierte auch die ersten Runden, wir kamen ins Gespräch, wie man so sagt. Er fand seinen Beruf interessant, sagte Wernike, weil man viele Menschen trifft und er privat ziemlich einsam sei. Naja, und daß er auch irgendwie menschlich an die Sache rangehe – weil ein finanzieller Engpaß doch jedem mal passieren könne. Und dann hat Erika losgelegt. Ich meine, den Stoff hatte sie ohnehin jeden Tag drauf – meine Ex-Frau, die Unterhaltungszahlungen und wie peinlich ihr das mit dem Kuckuck sei und daß sie sich abrakkern müsse, bloß damit meine Ex-Frau in teuren Klamotten rumlaufen könne.»

Der Angeklagte interpretiert den fragenden Blick des Richters richtig. «Erika verkaufte Versicherungen, sie nannte sich Agentin und war wohl ziemlich tüchtig, aber es war eben ein Stoßgeschäft, mal mehr und mal weniger Provision. Das alles erzählte sie Wernike, ich meine mich zu erinnern, daß sie auch versuchte, ihm eine Versicherung anzudrehen, aber Wernike war der Typ, der schon gegen alles versichert war.»

Vermutlich hatte er auch eine Lebensversicherung, denkt Malthus und erinnert sich an seinen letzten Prozeß, in dem eine Tochter die Mutter mit dem Kissen erstickt hatte und vielleicht damit davongekommen wäre, wenn sie nicht so gierig gewesen wäre, allzu schnell bei der Versicherung nachzufragen, die dann postwendend einen Detektiv auf ihre Spur setzte, in den sich die Ahnungslose verliebte und dem sie gestand, den «Herztod» der Mutter etwas beschleunigt zu haben. Ein widerlicher Typ, dieser Detektiv, der als Zeuge der Anklage aufgetreten war und die Frau keines Blickes gewürdigt hatte, die er schließlich ans Messer geliefert hatte. Malthus hatte die Frau wegen Mordes verurteilt, doch hätte er allzugern den Detektiv hinter Gitter gebracht: wegen menschlicher Gemeinheit.

Rüdiger Lessing sieht nur den Richter an, während er erzählt, wie im Verlauf des Abends und der Bierrunden Otto Wernike zutraulich wurde und schließlich mit einem Vorschlag zur Sache kam, der Erika in helles Entzücken versetzte: «Er sagte, daß er schon eine Möglichkeit sähe, uns zu helfen. Nämlich so: Erika sollte behaupten, daß sie mir einen Kredit von 30000 Mark gegeben habe. Mit dem von mir rückdatiert unterschriebenen Schuldschein sollte sie dann einen rechtskräftigen Titel erwerben und vollstrecken lassen. Am besten, so Wernike, sollte Erika mein Gehalt pfänden lassen, weil dies sicher der nächste Schritt meiner Ex-Frau sei. Bloß, wenn Erika mit ihrem Titel den ersten Zugriff habe, dann könne meine Ex-Frau gar nichts machen. Einem nackten Mann kann man nicht mehr in die Tasche greifen, sagte Wernike, und Erika fand den Vorschlag toll.»

So war das also: ein verzweifelter Mann, eine frustrierte Frau und ein schlauer, hilfsbereiter Gerichtsvollzieher. Geld und Liebe, nichts Neues also, wenn auch die Details durchaus interessant sind. Malthus beobachtet, wie der Lokalreporter verzweifelt mitschreibt, denkt, er wird die Details durcheinanderbringen und wieder etwas Falsches schreiben.

«Ich hatte so meine Zweifel, das können Sie mir glauben, aber Wernike meinte, daß die Sache bombensicher sei, und Erika meinte, daß wir damit unsere finanziellen Sorgen erst einmal los sind. Ihr ging es ja vor allem darum, daß meine erste Frau nichts bekommen sollte, beziehungsweise nur die 800 DM, die ich für das Kind zahlte. Naja, und dann haben wir das so gemacht. Wernike half uns dabei, den Schuldschein zu schreiben, und er erklärte Erika, wie sie den Titel gegen mich erwirken könne. Es sollte ja nur pro forma sein, für den Fall nämlich, daß meine Ex-Frau mit ihrem Titel mein Gehalt pfänden sollte.»

Der Pflichtverteidiger bedeutet seinem Mandanten mit einer diskreten Handbewegung, sich etwas zu sputen. Erstens kennt er die Geschichte schon und zweitens hat er sich mit einem Journalisten zum Mittagessen verabredet. Einem Anwalt, der überwiegend von Pflichtverteidigungen lebt, steht es gut an, mit vollem Namen in der Zeitung zu stehen – zwecks Kundenwerbung. Er wird dem Journalisten auch diesen Prozeß verkaufen, weil er ein durchaus komisches Element hat.

«Und so nahm die Sache ihren Lauf, Herr Richter. Erika hatte den Titel über 30000 Mark, und unsere Beziehung verschlechterte sich. Ich will keine Einzelheiten nennen, aber Frau März wandelte sich von Tag zu Tag und wurde immer streitsüchtiger und liebloser – bis es zu dem Punkt kam, an dem ich ihr sagte, daß sie besser ausziehen sollte. Das war Ende Dezember. In der ersten Januarwoche hat sie dann ihre Sachen gepackt und ist zu ihrer Mutter gezogen.»

Das Knarren der Tür irritiert den Angeklagten. Eine Zuschauerin huscht in den Raum, setzt sich hinter den Journalisten. Rüdiger Lessing schweigt. «Und was geschah dann?» fragt der Richter.

«Dann hat meine Ex-Frau mein Gehalt pfänden lassen. Und dann kam Otto Wernike zu mir in die Wohnung, es war an diesem Donnerstagabend. Er sagte mir, daß jetzt Frau Erika März ebenfalls die Vollstreckung beantragt habe und daß er gegebenenfalls das Auto pfänden müsse, wenn sich in der Wohnung keine Wertsachen befänden. Ich habe zu ihm gesagt, Mensch, Otto, hab ich gesagt, du weißt doch, daß das nur eine fingierte Sache war zwischen Erika und mir. *Du* hast uns doch den Tip gegeben und beim Ausfüllen der Formulare geholfen. Das kannst du doch nicht machen, hab ich zu ihm gesagt, aber Wernike blieb ganz stur, obwohl ich ihm ansah, daß ihm die Sache nicht geheuer war. Der sagte doch glatt zu mir, er habe mit Erika gesprochen – Erika nannte er sie –, und sie habe zu ihm gesagt, daß sie mir schon so viel Geld zugesteckt habe, daß die 30000 durchaus Rechtens wären, und überhaupt könne er sich an den Abend mit uns nicht mehr erinnern, er habe zu viel Bier und Schnaps getrunken... Also, um es kurz zu machen, Herr Richter: Wernike tat so, als ob er von nichts wüßte, und fing an, in meiner Wohnung rumzuschnüffeln. Ich war wie vom Donner gerührt, ich hab auf ihn eingeredet, bin ihm ins Schlafzimmer gefolgt... er stand vor dem Bild, das meine Mutter mir vererbt hatte, und meinte, daß zumindest der Rahmen was wert sei. Er nahm das Bild von der Wand. Und da bin ich ausgerastet. Ich kann mich erinnern, daß ich versucht habe, ihm das Bild zu entreißen, Herr Richter, und dabei muß ich ihm mit dem Rahmen auf den Schädel gehauen haben, voller Wut, das geb ich zu, aber nicht in der Absicht, ihn zu töten. Das müssen Sie mir glauben. Ich hab noch gesagt: Du bist an allem schuld. Dann ist er zusammengebrochen.»

Armer Junge, denkt Richter Malthus. Er glaubt ihm, so eine Geschichte kann man doch nicht erfinden. Lessing erscheint nicht als ein Mann mit übermäßiger Phantasie. Er ist nur ein Mann, der zwei Frauen zu viel hatte und eine Mutter, die ihm einen röhrenden Hirschen vererbte, dessen Rahmen einem Gerichtsvollzieher mit dünner Schädeldecke zum Verhängnis wurde. Der Angeklagte schluchzt jetzt, und sein Anwalt versucht, ihn zu beruhigen. Die Protokollführerin führt ein Taschentuch zur Nase, doch sie ist nur erkältet. Die beiden Schöffen sehen betreten aus, das wertet Malthus als gutes Zeichen, daß sie das Opfer in dem Täter erkennen.

Die Vernehmung der Zeugen bringt keine weiteren Erkenntnisse. Nur die Zeugin Erika März wird eingehend befragt, doch sie bleibt bei ihrer Version, nach der sie Rüdiger Lessing in der Tat dreißigtausend Mark geliehen und nach Beendigung der Beziehung zurückfordern wollte. Malthus wirf einen Blick auf die Schöffen: Ihre Gesichter sehen zweifelnd aus.

Der Staatsanwalt fordert eine Freiheitsstrafe von fünf Jahren.

Der Angeklagte Rüdiger Lessing wird wegen Körperverletzung mit Todesfolge zu zwei Jahren Freiheitsstrafe verurteilt. Die Strafe wird zur Bewährung ausgesetzt.

Nachtflug nach Singapur

Seine Tochter erklärt ihm, daß sie erstens schwanger sei und zweitens Aids habe. Seine Frau meint dazu, das sei nicht weiter schlimm, während sein Sohn sich die Spritze setzt und blöde vor sich hin grinst.

Alpträume. In der Nacht vor dem Flug wacht er schreiend auf, was seine Frau mit einem unwilligen Seufzer quittiert. Alles in Ordnung, nur ein Traum, doch es fällt ihm schwer, wieder einzuschlafen. Minuten oder Stunden liegt er wach und denkt ans Geschäft, an die Verhandlungen in Singapur... Schlaflosigkeit ist eine Geißel des Alters, als ob man Angst hätte vor dem ewigen Schlaf, der immer näher rückt.

«Die Kinder könnten sich ruhig öfter melden», sagt er zu Gisela, die ihm Kaffee einschenkt. Sie trägt den grünen Morgenmantel, der ihr nicht steht, und als sie sich setzt, klafft der Mantel auseinander und gibt den unappetitlichen Anblick von erschlaffenden Brüsten frei. Fünfzig Jahre und kein bißchen schöner, denkt er, und wendet den Blick wieder der Zeitung zu. Wenn er morgens mit ihr spricht, was nicht häufig passiert, erwartet er keine Antwort. Sie gibt ihm eine: «Vera hat mich gestern erst angerufen. Sie ist im Prüfungsstreß. Und daß Wolfgang sich aus Indien meldet, kannst du nicht gut erwarten. Soviel Geld hast du dem Jungen nicht mitgegeben, daß er ständig zu Hause anrufen könnte.»

«Wir hätten ihm die Reise schlichtweg verbieten sollen.» Heiner überlegt, ob er ihr von seinen Alpträumen erzählen soll, entscheidet sich dagegen. Wenn er mit ihr spricht, muß er sie ansehen, und sie ist seit Jahren nicht mehr der Typ, den man sich zum Frühstück wünscht. Obwohl er fairerweise zugeben muß, daß sie noch ganz passabel wirkt, wenn sie sich für den Abend schminkt und in Schale wirft. Eine Frage der Beleuchtung, der Stimmung. Sie ist eine exzellente Köchin und Gastgeberin, alles in allem gibt es keinen Grund zur Beschwerde. Gisela ist eine angenehme Frau in seinem angenehmen Leben. Sie spielt Golf mit ihm, sie hört ihm zu, wenn er über seinen Berufsstreß und die Reisen erzählt. Jetzt, da die Kinder aus dem Haus sind, könnte sie ihn ja begleiten, doch sie äußert diesen Wunsch nicht, und er ist ihr dankbar dafür.

Ehe ist Teamarbeit: Sie hat ihm den Koffer gepackt, und er verreist. Er steht neben der Aktentasche, die er mit ins Flugzeug nehmen wird. Gisela wartet neben dem Gepäck und reicht ihm den Autoschlüssel.

«Ich ruf dich an, wenn ich im Hotel bin», sagt er. Das sagt er immer, und jeden Tag ruft er sie an, wenn er auf Reisen ist, ganz kurz nur, obwohl die Firma die Telefonkosten trägt. «Wenn unser Sohn sich melden sollte, gib ihm meine Nummer in Singapur.»

Gisela drückt ihm einen Kuß auf die Wange: «Natürlich, mein Lieber. Du mußt dir keine Sorgen um Wolfgang machen. Gute Reise.» Sie bleibt an der Treppe stehen, bis er die Haustür von außen verschließt. Sie winkt ihm nicht, das tut sie nie. Ihr Gesicht verändert sich, als er aus dem Haus ist, dieses Gesicht hat sie ihm noch nie gezeigt.

Heiner Volkmann fährt mit seinem Mercedes zunächst ins Büro und dann zum Flughafen, ein Weg, den er schon oft und immer gern gemacht hat. Er liebt Reisen, er liebt Flüge, er liebt gute Hotels. Mit Fünfzig beginnt man, Kompensationsgeschäfte mit dem Leben zu machen. Es ist nicht mehr so rosig und aufregend, dafür erheblich luxuriöser und abgeklärter. Das Spesenkonto ist zufriedenstellend, die Karriere noch nicht abgeschlossen. Heiner Volkmann ist zweiter Marketing-Direktor einer großen Baufirma in Frankfurt, die sich auch in Asien engagiert. Er hofft auf den Direktorenposten, wenn sein Geschäftsabschluß in Singapur erfolgreich sein sollte.

Direktoren fliegen Erster Klasse, während Heiner Volkmann

in der Business-Class Platz nimmt. Sie ist fast ausgebucht, dies nimmt er mit Mißfallen zur Kenntnis. Geschäftsreisende: Sie tragen sommerliche Anzüge und Aktentaschen, denen sie Papiere und Notebooks entnehmen, bevor sie ihre Taschen in den Gepäckträgern über den Sitzen verstauen. Sie lassen sich von den reizenden Stewardessen die *Frankfurter Allgemeine* oder die *Süddeutsche* reichen. Sie entledigen sich ihrer Jacketts, bevor sie in die Sitze sinken. Sie sind weltmännisch und riechen teuer.

Heiner Volkmann bevorzugt Kenzo und wählt kalifornischen Rotwein zum Abendessen, das kurz nach dem Start gereicht wird. Der Service ist perfekt, das schätzt er sehr auf seinen Asien-Reisen. Der Wein könnte besser sein, aber schließlich fliegt er noch nicht Erster Klasse. Dort lächeln die Stewardessen ungleich verheißungsvoller, auf jeden Fall demütiger.

Heiner Volkmann weiß ziemlich genau, was man mit Geld kaufen kann. Einen Auftrag beispielsweise, das Baugeschäft ist keine Spielwiese für Moralisten. Egal, welche Stadt, welches Land: Auftraggeber der Öffentlichen Hand haben offene Hände für kleine Geschenke. Schließlich verdienen sie viel zuwenig für die Auftragssummen, die sie zu vergeben haben. Zu diesem Zwecke unterhält die Firma einen Reptilienfonds, der durch fingierte Rechnungen gespeist wird. Eine halbe Million wartet auf dem Konto in Singapur auf Heiner Volkmann. Man erwartet in Frankfurt keine Quittungen von ihm, jedoch einen erfolgreichen Geschäftsabschluß.

Er prostet sich zu: auf das Milliardengeschäft, die Provision und seine Beförderung. Er wird Gisela einen Nerz kaufen, man trägt ihn wieder. Vielleicht einen Kleinwagen für Wolfgang, wenn er in Freiburg sein Studium aufnimmt. Heiner Volkmann wird in seinem Höhenflug kurz gebremst, als er an seinen Sohn denkt. Der Junge hat ihm nach dem Abitur diese Indien-Reise abgetrotzt, und nach einem grauenvoll gescheiterten Geschäft in Bombay hegt er eine gewisse Abneigung gegen das Land. Zu viele Haie, die gierig nach Geld schnappen; er hat dem Jungen eine Reihe von Verhaltensmaßregeln eingeschärft, die ihn vor

Haien schützen sollen. Aber mit achtzehn ist man ja von solcher Vertrauensseligkeit... Der Gedanke an seinen Sohn, der irgendwo ausgeplündert auf der Straße liegt, treibt ihm den Schweiß auf die Stirn. Er nimmt die Kenzo-Flasche aus dem Kulturbeutel und tupft sich die Schläfen ein.

«Quite hot, isn't it.» Sein Nachbar, ein Chinese, trägt ein liebenswürdiges Lächeln und handgemachte Schuhe. Heiner hat das sofort gesehen, auch die Uhr für rund zwölftausend Mark. Man erkennt einander an Kleinigkeiten. Man nickt sich zu und schätzt blitzschnell den eigenen Stellenwert ein. Heiner verdrängt seine indischen Phantasien und unterhält sich kurz mit dem Chinesen, der nach Singapur fliegt, um Geschäft zu machen. Was sonst? Daß der gute Mann ihm nichts über die Art seiner Geschäfte erzählt, verwundert nicht. Die gelben Teufel sind verschwiegen, clever und nur auf eines aus: mehr Geld. Im Laufe seines Geschäftslebens hat er sie schätzen und fürchten gelernt.

Nach dem Cognac wird Heiner Volkmann schläfrig, wie immer bei solchen Flügen. Das vibrierende Geräusch lullt ihn ein und trägt seine Gedanken zum Zielort, in sein Raucherzimmer im *Shangri-La,* in die kleine Boutique mit der reizenden Verkäuferin namens Shirley, die bei seinem letzten Besuch eine Einladung zum Abendessen angenommen hat. Mehr nicht. Singapur-Mädchen sind keine leichte Beute, das findet er ja so reizvoll an ihnen. Außerdem sind die meisten von ihnen bildhübsch und in jenem Maß exotisch, das die sexuelle Phantasie reizt. Er wird Shirley wiedersehen und mit ihr in einen Nachtklub gehen, vielleicht vorher an die Bar im *Raffle's,* obwohl man dort nicht rauchen darf. Eine Stadt der Verbote, gewiß, aber sie funktioniert in einem Maße, das ihm höchste Bewunderung abnötigt. Singapur ist blitzsauber, bestens organisiert und auf das Wesentliche im Leben fixiert: Kapital. Diese Philosophie ist berechenbar, durchschaubar, unschlagbar. Diese Stadt hat keinen Bahnhof wie Frankfurt, wo die Fixer sich in aller Öffentlichkeit die Spritze setzen, die Penner aggressiv um Geld betteln, die Nutten an den Ecken lauern...

Deutschland ist schmutziger und trauriger geworden, denkt Heiner Volkmann und erinnert sich an den Alptraum der letzten Nacht. Gewiß kann man den Verfall ignorieren, wenn man in der richtigen Gehaltsklasse ist, im richtigen Viertel wohnt, in den richtigen Kreisen verkehrt. Doch wer Kinder hat, fragt sich natürlich, in welchem sozialen Milieu sie reifen, welchen Versuchungen sie ausgesetzt sind? Vera studiert in Berlin, ausgerechnet in Berlin, und aus ihren seltenen Besuchen und Telefonaten meint er zu erkennen, daß sie sich bereits verändert, von ihm entfernt hat.

Er wird Vera ein schönes Geschenk in der Boutique aussuchen, in der Shirley arbeitet. Er trinkt seinen zweiten Cognac und nimmt eine halbe Schlaftablette, weil er fit sein muß nach der Landung, ausgeschlafen für das erste Meeting mit den Geschäftspartnern. Heiner Volkmann schläft, während der zweite Film läuft und die Stewardessen letzte Bestellungen annehmen, bevor abgedunkelt wird und sie endlich Ruhe haben vor den Passagieren. Die meisten schlafen, nur wenige Nachtschwärmer bewegen sich in den Gängen, holen sich Getränke, lesen oder arbeiten. Heiner Volkmann schläft und träumt von dem Milliardengeschäft. Singapore Airlines fliegt durch die Nacht sicher und leise dem Tag entgegen, dem Zielflughafen Singapur, einem Neubau von Schönheit und Funktionalität, einem Ort, an dem das Wegwerfen von Zigarettenkippen mit Geldstrafen belegt wird.

Heiner Volkmann fühlt sich ausgeruht und dynamisch, als er aus dem Flugzeug steigt. Er hat sich vor der Landung rasiert und frischgemacht, schließlich wird er von seinem Geschäftspartner erwartet. Er liebt die Zeit der Ankunft, insbesondere in diesem makellosen, lichtdurchfluteten Gebäude, dessen Weitläufigkeit jedes Gedränge ausschließt. Rollstraßen führen zum Ausgangsbereich, zur Paßkontrolle und weiter zur Gepäckausgabe. Sein Koffer erscheint nach fünfminütiger Wartezeit auf dem Transportband, alles funktioniert bestens. Heiner Volkmann ist in Siegerlaune, auch noch, als der Zollbeamte ihn aus der Menge der Reisenden herauspickt – Zufall natürlich – und ihn bittet, seinen Koffer zu öffnen.

«I am here on business», sagt er freundlich, während er auch noch den Aktenkoffer öffnet. Ihm fällt auf, daß er vergessen hat, ihn abzuschließen, als er ihn ins Gepäckfach legte. Eine Bagatelle...

Der Zollbeamte hält ein flaches Päckchen in der Hand, das er aus der Aktentasche geholt hat. Sein Gesichtsausdruck ist merkwürdig, das fällt Heiner zuerst auf; erst dann sieht er auf das Päckchen, das er noch nie gesehen hat. Es sieht aus wie ein Pfund Kaffee, wer sollte denn sowas in seine Aktentasche...?

Der Zollbeamte hat das Päckchen geöffnet, er steckte seine Nase hinein und seine Stimme ist sehr eisig, als er Volkmann auffordert, ihm zu folgen. Zwei Beamte sind plötzlich an seiner Seite, er versteht nichts, der Gedanke an Rauschgift kommt langsam, er protestiert in Englisch, doch die Beamten, die ihn in ein Büro führen, ignorieren ihn. Sie sind sehr effizient, das Büro der Flughafenpolizei ist sehr sauber, und sie sind beinahe höflich, als sie ihm erklären, daß die Gesetze des Staates Singapur für den Besitz von Rauschgift die Todesstrafe vorsehen.

«Zwei Kilo Kokain, dafür kriegen Sie in dieser Stadt ein Vermögen – oder die Todesstrafe», sagt der Rechtsanwalt, den ihm die Singapur-Vertretung seiner Firma ins Gefängnis geschickt hat.

Heiner Volkmann erklärt zum hundertsten Mal, daß er keine Ahnung hat, wie dieses Päckchen in seine Aktentasche kommen konnte. Sein Anwalt scheint ihm zu glauben, er nickt bedeutungsvoll, doch er muß ihn natürlich fragen, ob er dies auch beweisen könne?

«Die Aktentasche war nicht verschlossen, es kann also jederzeit passiert sein, während ich schlief», sagt Heiner mit matter Stimme. Diesen Satz hat er der Polizei mehrere Male vorgetragen. Und er kann sich nicht mehr darüber aufregen, daß er so idiotisch nachlässig war, die Tasche nicht abzuschließen. Achtundvierzig Stunden Gefängnis und sechs Stunden Verhöre durch eisig-höfliche Polizeibeamte haben seinen gerechten Zorn in Verzweiflung verwandelt.

«Sie sind doch Profi. Sie mußten doch wissen, daß gerade Flüge nach Singapur in dieser Hinsicht gefährlich sind. Die Kontrollen hier sind so perfekt, daß Rauschgiftkuriere zu dem Mittel greifen, ihre Ware durch arglose Mitreisende in die Stadt zu schmuggeln. Wenn man Sie nicht aufgehalten hätte, wäre Ihnen die Tasche vermutlich entrissen worden, bevor Sie ins Taxi gestiegen wären. Was nach Lage der Dinge vermutlich besser gewesen wäre.»

Die Ironie der letzten Worte erscheint Heiner unerträglich. «Tun Sie was», schreit er den Mann an, «holen Sie mich gefälligst hier raus, egal, was es kostet. Ich bin ein unbescholtener deutscher Staatsbürger. Ich bin UNSCHULDIG.»

Anwälte sind Kummer und Unschuldige gewöhnt. Sein Anwalt lächelt beruhigend: «Ich tue, was ich kann. Im Moment versuchen wir es auf der politischen Schiene, aber ...»

Aber ein Leben kann an einem idiotischen Zufall zerbrechen, denkt Heiner Volkmann in unendlichem Selbstmitleid. Er würde gerne weinen, doch ein Rest von Stolz hält ihn davon ab.

«Ich habe mit Ihrer Frau gesprochen, sie kommt morgen früh in Singapur an», sagt der Anwalt mit aufmunternder Stimme. «Sie ist eine tapfere Frau. Sie können stolz auf sie sein.»

Gisela bringt ihm Wäsche, Lebensmittel, Zigaretten und Bücher ins Gefängnis, auch die letzte Ausgabe der *Frankfurter Allgemeinen*. Sie hört sich seine Geschichte an, seine Geschichte, an der er selbst zu zweifeln beginnt. Sie sagt: «Wir tun alles, was wir können.» Sie lächelt dabei. Er hat dieses Lächeln noch nie an ihr gesehen.

Flitterwochen im Paradies

Das Paradies liegt nicht nebenan. Das Paradies – oder das, was sie sich darunter vorstellt – ist viele tausend Kilometer und viele tausend Mark entfernt, als sie es entdeckt. Die Zeitschrift mit den Bildern von *Tioman* hat Edith von ihrer Mutter mit nach Hause gebracht und dem Mann beim Abendessen präsentiert. Es gibt panierten Fisch mit Kartoffelsalat, weil Freitag ist. Die Hochglanzfotos zeigen eine der «zehn schönsten Inseln der Welt». Sie hat sich in die Fotos verliebt, und sie ist eine Frau, die ihre Gefühle auslebt.

«Kommt nicht in Frage, Edith.»

«Man heiratet nur einmal.»

«Und wie sollen wir das finanzieren?»

«Mutter kann uns was borgen.»

«Deine Mutter wird uns das ihr Leben lang unter die Nase halten.»

«Laß meine Mutter aus dem Spiel.»

«*Du* hast sie doch ins Gespräch gebracht.»

Er schweigt und stochert in seinem Kartoffelsalat, der leicht ranzig schmeckt. Im Bett ist Edith 'ne tolle Nummer, aber Kochen gehört nicht zu ihren Stärken. Da sie seit nunmehr vierzehn Monaten zusammenleben, kennt er sie ziemlich gut. Sie ist eigensinnig, gibt gerne Widerworte und ist eine schlechte Hausfrau. Er liebt sie und ist gewillt, sie zu heiraten. Zudem wäre es ziemlich kompliziert, sie in diesem Stadium der Beziehung zu verlassen. Das Aufgebot ist bereits bestellt.

«Sex.»

Boris fällt die Gabel in die Kartoffelmatsche. «Wie bitte?»

«Das ist der einzige Grund, warum du mich liebst. Ständig meckerst du am Essen rum, obwohl ich mir alle Mühe gebe – *und* schließlich genauso hart arbeite wie du *und* zusätzlich die Hausarbeit erledigen muß. Während *du* nach der Arbeit in den Squash-Club gehst und erwartest, daß zu Hause alles picobello ist.»

Sie arbeiten beide im Postamt, Edith an der Paketausgabe und Boris am Schalter für Postwertzeichen in kleineren Mengen. Sie leben in einer Zweizimmer-Wohnung in einem Vorort-Bezirk. Sie bezahlen gemeinsam die Raten für den gebrauchten Golf. Sie lieben sich, auch wenn das gemeinsame Leben ihnen nicht mehr so paradiesisch vorkommt wie in jener Zeit, als sie es planten. Ohne es zu wissen, haben sie bereits das zweite Stadium der Liebe erreicht: die Gewöhnungsphase, in der Abnutzungserscheinungen das Gesamtkunstwerk beeinträchtigen, doch die Leidenschaft immer noch größer ist als die Gewohnheit.

Er küßt sie über den Kartoffelsalat hinweg, um sie am Weiterreden zu hindern, doch Edith ist unerbittlich, wenn sie sich etwas in den Kopf gesetzt hat, und die Überzeugungskraft seiner Küsse hat abgenommen. «Außerdem frustriert mich dein Geiz, dieses ewige Sparen für dies und das. Wir sind jung, und man lebt nur einmal.» Edith schiebt ihr Kinn vor, als sie die finale Drohung ausspricht: «Entweder diese Hochzeitsreise – oder keine Hochzeit.»

Jede Beziehung ist von großen und kleinen Erpressungen begleitet, von taktischen Schachzügen und emotionalen Totschlägen, von Niederlagen und Siegen. Edith siegt. Es gibt die Hochzeit. Sie wird von Boris' Eltern finanziert und unterscheidet sich nicht von anderen Veranstaltungen dieser Art. Es gibt Braten, Kuchen, Wein und Reden. Und es gibt die Hochzeitsreise nach Tioman, vorgestreckt von Ediths Mutter in Form eines zinslosen Darlehens für das junge Paar. 5888 Mark für zwei Personen, gebucht bei einem reizenden kleinen Reisebüro: Ediths Mutter erzählt während der Hochzeitsfeier freigiebig von ihrem Geschenk, was zu gewissen Unstimmigkeiten mit den Eltern des Bräutigams führt, die den Kindern eine komplette Wohnzimmergarnitur geschenkt haben und dies nicht ausreichend gewürdigt finden.

Die Braut strahlt, denn sie hat gesiegt. Der Bräutigam verbirgt seinen Groll hinter der Maske eines guten Verlierers. Die Hochzeitsgäste betrinken sich, als es nichts mehr zu essen und zu reden gibt. Das junge Paar zieht sich zurück, begleitet von den üblichen Anspielungen. Am nächsten Morgen fliegen Edith und Boris Keller von Frankfurt über Singapur nach Tioman.

Eine der zehn schönsten Inseln der Welt, so wird sie angepriesen, die größte Insel im Archipel, an der Ostküste Malaysias gelegen, ein tropisches Paradies, dessen dschungelbewachsener Bergrücken von Palmenstränden und vorgelagerten Korallenriffen umsäumt wird. In Tioman ankerten vor über zweitausend Jahren chinesische Seefahrer, um ihre Frischwasservorräte aufzufüllen. Hier wurde der Film «Bali Hai» nach dem Hollywood-Musical «South Pacific» gedreht, und den Gesetzen des Tourismus folgend, verwandelten sich die kleinen, verschlafenen Fischerdörfer alsbald in Dienstleistungszentren für Touristen. Bungalowanlagen wurden entlang des schmalen Küstenstreifens gebaut; die Fischer begannen, ihre Boote für Schnorcheltouren zu vermieten; Ventilatoren, Transistorradios und Dosenbier hielten Einzug auf der Insel; ein kleiner Flughafen wurde gebaut, mit einer Abflugs- und Ankunftshalle, einer fliegenumschwirrten Bar und Flughafenpersonal, das mit großer Freude das Gepäck der Reisenden durchwühlt, weil es sonst nicht viel zu tun gibt auf der Insel als eben dies: Touristen zu dienen und Touristen zu ärgern.

Gäbe es den tausend Meter hohen Gunung Kajang nicht, der seinen Gipfel in undurchdringliche Wolken hüllt, könnte man die Landebahn verlängern, könnten größere Maschinen auf der Insel landen und Touristenmassen auswerfen, die die Aufnahmekapazitäten von Paradiesen längst überschritten haben. So ist Tioman ein Stück vom Zauber geblieben, den Bewohnern ein Rest von Beschaulichkeit und den Urlaubern die Illusion einer unberührten Insel.

Das *Tioman Island Resort* beherbergt die zahlungskräftigsten Gäste: eine weitläufige Hotelanlage mit klimatisierten Bungalows, Tennisplätzen, Golfanlage, Pools und Restaurants sowie jener Palmen-Sand-Meer-Kulisse, die Edith auf den Hochglanzfotos so entzückt hat. Sie sitzt in der offenen Hotelhalle und atmet mit geschlossenen Augen Meeresluft, während Boris mit dem Mädchen an der Rezeption streitet. Sein Englisch ist schlechter als ihres, doch er versteht, daß sie die Unterlagen des Reisebüros nicht findet, dessen Hotelgutschein er ihr vorgelegt hat. Er verlangt nach dem Manager, doch der ist in Kuala Lumpur und wird erst in zwei Tagen erwartet. Das Mädchen verspricht, das Reisebüro anzufaxen, doch bis zur Klärung der Angelegenheit fordert sie seine Kreditkarte oder die Hinterlegung von Bargeld.

Er besitzt keine Kreditkarte. Boris hinterlegt Reiseschecks im Wert von fünfhundert Mark, die sie quittiert. Ihr Lächeln ist entschuldigend und bezaubernd, doch es erreicht ihn nicht. Er ist müde, verschwitzt, zornig. Ediths Mutter hat ihnen eine Hochzeitsreise vorfinanziert, die er nicht wollte – und sie beginnt bereits mit einer Katastrophe.

«Mein Gott, jetzt fängt der Urlaub gerade mal an, und du machst ein Gesicht, das alles verdirbt.»

«Deine Mutter hat das Reisebüro ausgesucht, nicht wahr?»

«Laß Mutter aus dem Spiel. Außerdem wird sich dieses Mißverständnis bestimmt aufklären.»

«Das hoffe ich. Weil wir sonst nämlich hier ausziehen müssen. So viel Geld hab ich nicht mit, diesen Schuppen zu bezahlen. Hundertachtzig Mark pro Nacht, was meinst du, wie schnell wir pleite sind?»

«Es ist traumhaft hier. Und wir *bleiben* hier. Das ist schließlich *meine* Hochzeitsreise.»

«UNSERE Hochzeitsreise. *Unser* Geld. Und wenn du ausgepackt hast, ruf deine Mutter an und sag ihr, sie soll bei ihrem Reisebüro nachhaken. Wir sind für vierzehn Tage hier gebucht, es ist alles im voraus bezahlt. *Und die hier wissen nichts davon!*»

«Schrei mich nicht an. Ich kann doch nichts dafür.»

«Es war *deine* Idee.»

«Und ich hasse dich.»

Sie haßt ihn, während sie auspackt und er in der Badewanne liegt, die viel kleiner ist als seine zu Hause. Sie versucht, zu telefonieren, doch hört nur ein Rauschen, das klingt wie das Meer vor ihrem Bungalow. Die Leitungen sind vorübergehend gestört, wie die Telefonzentrale des Hotels mit Bedauern mitteilt.

Edith und Boris sprechen nicht miteinander, als sie den Strand entlang, vorbei an vielen Holzbungalows im malaiischen Stil, zum Restaurant gehen. Es liegt neben dem Swimmingpool, der von Liegestühlen umrahmt ist, die von Menschen in Badekleidung ausgefüllt werden. Im Whirlpool sitzt eine Reisegruppe aus Australien, man trinkt Bier aus Dosen und ist sehr laut und vergnügt. In der feuchten Hitze brütet ausgelassene Urlaubsstimmung. Gleichwohl schweigen sie verbissen, als sie in der Schlange der Gäste warten, denen Mittagstische zugewiesen werden. Das Restaurant ist zum Pool hin offen, an der hohen Decke kreisen Ventilatoren, und um die Tische kreisen Fliegen und Mücken.

Boris bestellt Bier und ein malaiisches Fischgericht, um Frieden und Urlaubsstimmung zu signalisieren. Daß Edith Hauswein trinkt, der pro Glas umgerechnet zwölf Mark kostet, erbost ihn allerdings so sehr, daß ihm der Appetit vergeht. Am Nebentisch sitzt ein Paar, das sächsisch spricht, vertraute, fremde Töne. Er war noch nie so weit weg von zu Hause, und er fühlt sich unsicher. Aus einer Reihe von Gründen, vor allem aber, weil er sich beinahe wie ein Hochstapler vorkommt. Das Reisebüro hat die Zahlung nicht an das Hotel weitergeleitet, das muß ein Versehen sein, wie es auch bei der Post vorkommen kann, selten allerdings, man ist doch effizienter als auf dieser Insel, in diesem Hotel, wo die Kellner müßig herumstehen, während Gäste auf ihr Essen warten. Sie stehen herum und mustern die Frauen, auch Edith in ihrem schulterfreien Kleid, das sie zu Hause nie tragen würde.

«Ich liebe dich.»

«Ich dich auch.»

«Schmeckt der Wein?»

«Naja.»

«Für zwölf Mark das Glas sollte er aber schmecken.»

«Mein Gott bist du kleinlich.»

«Ich denke nur an unsere Urlaubskasse.»

«Ich hab ja immer gesagt, daß ein anständiger Mensch eine Kreditkarte braucht.»

Edith liegt am Strand, während er versucht, seine Schwiegermutter zu erreichen. Die Verbindung kommt zustande, doch sie versteht ihn nicht – hat sie das jemals? Unter lautem Rauschen wünscht sie dem jungen Paar eine traumhafte Hochzeitsreise, während Boris in den Telefonhörer brüllt und schließlich aufgibt.

Er gibt auf und geht an den Strand zu seiner Frau, die entrückt in der Sonne liegt und bereits eine rötliche Färbung angenommen hat. Er legt sich neben sie und sieht hoch zu der Kokospalme. Vielleicht ist es der penible Umgang mit Postwertzeichen in kleinen Mengen: Er kann nicht anders, als sich vorzustellen, daß eine Kokosnuß sich vom Baum lösen und auf seinen Kopf fallen wird. Gibt es ein Krankenhaus auf dieser Insel? Wohl kaum, eher einen Medizinmann, mit dem man sich nicht verständigen kann. Außerdem hatte der Fisch komisch geschmeckt, auch eine Vergiftung wäre im Bereich des Möglichen. Schließlich dies: der Rauswurf aus Ediths Paradies, weil die Hotelrechnung nicht bezahlt ist.

«Schau nicht so bedrückt, es wird schon in Ordnung kommen.»

«Das sagst du immer, Edith. Und deine Mutter versteht mich nicht.»

«Das sagst *du* immer, dabei gibt sie sich solche Mühe.»

«Nein, du verstehst nicht: Ich hab mit ihr gesprochen, und sie hat nur Bahnhof verstanden.»

«Meine Mutter ist nicht so blöd, wie du immer sagst.»

Das Mädchen an der Rezeption erklärt ihm mit sonnigem Lächeln, daß sie auf ihr Fax an das Reisebüro noch keine Antwort erhalten habe. Sie scheint seine Sorgen nicht zu teilen und vertröstet ihn auf den nächsten Tag. Als er zurückgeht, ist Edith verschwunden. Er denkt sofort an Kidnapping, doch er findet sie schließlich im Bungalow auf dem Bett, nackt und gerötet und unwillig, seiner sexuellen Annäherung nachzugeben. Sie sei müde und habe einen leichten Sonnenbrand. Sie schläft, während er – vergeblich – versucht, seine Eltern telefonisch zu erreichen. Sie wacht auf und hat Hunger, während er nunmehr müde ist.

Die Sonne geht unter auf Tioman, eine der zehn schönsten Inseln der Welt. Edith und Boris gehen Hand in Hand zum Restaurant, warten in der Schlange darauf, daß ihnen ein Tisch zugewiesen wird, und warten in der Schlange vor dem malaiischen Buffet, das umgerechnet fünfundzwanzig Mark pro Person kostet. Edith trinkt wieder Hauswein für zwölf Mark das Glas, das dritte schon, und er bemüht sich, nicht ans Geld zu denken und daran, daß die Kellner ihn nerven – sie sind entweder arrogant oder zu freundlich. Am Nebentisch flirtet eine ältere Frau mit einem sehr jungen Kellner, das ist Boris peinlich, doch Edith findet es witzig. Sie ist beschwipst und will anschließend noch in die Bar, um Cocktails zu trinken. Sie hat einen leichten Sonnenbrand, und er ist müde. Er unterschreibt Rechnungen und überschlägt die Urlaubskasse, ein Gedankenspiel, das die Laune keineswegs hebt. Er geht mit seiner Frau am dunklen Strand entlang zurück in den Bungalow. Das Meer rauscht, und er besteigt Edith. Das Paradies ist nebenan, er hätte nicht so weit reisen müssen.

«Es tut mir wirklich leid. Aber offenbar existiert dieses Reisebüro nicht mehr, jedenfalls sind keine Zahlungen bei uns eingegangen und – wir erwarten auch keine mehr.»

Der österreichische Hotelmanager spricht einen gepflegten Dialekt und sieht mitfühlend aus. Boris' Stimme überschlägt sich: «Aber wir haben für vierzehn Tage im voraus bezahlt. Wir sind hierhergeflogen – das hat ja offenbar auch funktioniert. Es kann nicht sein!»

Er hört es jetzt zum fünften Mal: «Wenn Sie das tröstet. Sie sind nicht die einzigen Gäste, die über dieses Reisebüro zu uns gekommen sind. Sie müssen der Tatsache ins Auge sehen, daß *wir* nichts dafür können, wenn ein Reisebüro in Konkurs geht.»

«Sie wollen sagen, wir müssen doppelt bezahlen!»

Der Mann tut ihm wirklich leid, aber er kann ihm nicht helfen. «Vermutlich können Sie das Geld einklagen, wenn Sie nach Deutschland zurückkommen. Aber wir hier können nichts tun.»

Natürlich nicht. Boris steht auf und verflucht den Tag, an dem er Ediths Mutter kennengelernt hat. Der Hotelmanager drückt ihm mitfühlend die Hand: «Noch eine Kleinigkeit: Ihr Konto bei uns ist überzogen, Sie müßten eine weitere Vorauszahlung...»

Boris hört es nicht mehr. Die finanzielle Katastrophe hat ihn mit solcher Wucht getroffen, daß er nur noch an eines denken kann: die Abreise. Edith ist am Strand; er holt die Flugtickets aus dem Koffer und geht zum Schalter in der Hotelhalle, der bereits von einigen Gästen belagert ist. Deutsche. Deutsche Urlauber in Rage. Jemand schreit nach dem Manager, ein anderer nach Gerechtigkeit. Der Malaye am Ticket-Schalter ist unbeeindruckt. Bevor Boris zu ihm vordringen kann, hört er, was die anderen bereits wissen: Die Tickets lassen sich nicht beliebig umbuchen, weil es Billigtickets sind. Man müsse schon zum festgesetzten Datum zurückfliegen. Und noch stehe nicht fest, ob der Rückflug durch das Reisebüro gedeckt sei.

Als das Geschrei lauter wird, schließt der Mann den Schalter und verschwindet durch eine Tür. Elf Urlauber, fünf Paare und ein Mann auf Hochzeitsreise rufen empört nach dem Manager, der tatsächlich erscheint und eine kleine Rede hält, mit österreichischem Akzent. Er bietet seinen sehr verehrten Gästen eine zwanzigprozentige Ermäßigung auf den Zimmerpreis an, bittet des weiteren um Vorkasse und alternativ um Abreise, wenn den verehrten Gästen die Urlaubslaune verdorben sei, was er selbstverständlich verstehen könne. Und wie wäre es jetzt mit einem Cocktail auf Kosten des Hauses, um den Schmerz runterzuspülen?

Der Scherz mißglückt, die Leute sind empört. Ihnen ist Unrecht geschehen. Die Welt ist voller Unrecht, aber dies hier ist etwas anderes, etwas Unverzeihliches. Man hat ihnen den Urlaub vermiest und sie heimtückisch bestohlen. Man muß es der *Bildzeitung* melden, eine Interessengemeinschaft der Geschädigten bilden. Sofort Anzeige erstatten – sofern die Telefonleitung funktioniert. Man muß, soll, wird, man schreit, schimpft, tobt.

Boris entfernt sich. «Wir haben nicht genug Geld mit, um zwei Wochen zu bezahlen, und wir können nicht früher zurückfliegen», sagt er zu Edith, nachdem er ihr die Katastrophe in allen Einzelheiten geschildert hat.

«Und jetzt sag bloß nicht, daß es Mutters Schuld ist.»

«Sag ich doch gar nicht.»

«Aber du denkst es. Ich kenne dich.»

Oh, ja, man kennt sich. Man redet in Kreisen, die immer enger werden, solange, bis man tot ist. Er ohrfeigt sie, mehr aus Ratlosigkeit denn aus Zorn über ihre Bemerkung. Er hat noch nie eine Frau geschlagen. Beinahe erstaunt hört er das Klatschen seines Handrückens auf ihrer Wange, sieht, wie ihr Kopf zurückfliegt gegen die Kante des Holzsessels. Sie sieht ihn erstaunt und blöde an – und dann holt sie aus und boxt ihn mit der Faust in den Bauch. Edith ist gewohnt, schwere Pakete zu tragen und hat einen Kurs in Selbstverteidigung besucht. Bevor er sich von dem Faustschlag erholen kann, hat sie ihn mit einem weiteren Schlag an der Lippe getroffen, die sofort zu bluten beginnt. Nur aus einem Reflex heraus schlägt er zurück, ein Hieb in die Gegend ihres Magens. Sie stöhnt und taumelt ein wenig und rammt ihm dann ihren gesenkten Kopf in die Brust, während sie gleichzeitig mit dem Knie ausholt und ihn zwischen die Beine trifft. Er heult vor Schmerz und sinkt in die Knie. Seine Lippen bluten, und seine Augen sind flehentlich auf sie gerichtet, als sie über ihm steht. Aus ihrem Hinterkopf tropft Blut auf seine nackten Beine. Der Schmerz zwischen seinen Beinen ist so ungeheuerlich, daß er sie umbringen würde, wenn er könnte.

«*Du bist an allem schuld*», sagt die Fremde. «So was kann einem nur mit *dir* passieren.»

Er haßt sie. Doch er fühlt sich wie eine Briefmarke unter einem schweren Paket. Deshalb sagt er: «Aber ich liebe dich doch.»

«Ich lieb dich doch auch.»

«Tut mir leid, ich wollte dich nicht schlagen.»

«Hab ich dir wehgetan?»

Boris schüttelt den Kopf, obwohl es schrecklich weh tut. Er richtet sich auf, sein Geschlechtsteil und sein Ego sind verletzt, doch das scheint Edith nicht zu kümmern. Er sieht ihr zu, wie sie sich schminkt und anzieht. «Wir gehen jetzt zu den anderen», sagt Edith. «Wir lassen uns das nicht gefallen. Es muß sich eine Lösung finden.»

Die offene Hotelhalle ist abendlich beleuchtet und von Moskitos umschwirrt, die sich ihre Opfer unter gestrandeten Urlaubern suchen. Fünf Frauen und fünf Männer stehen an der Rezeption und planen die Revolution. «Wir lassen uns nicht so einfach rauswerfen», sagt ein Mann mit hessischem Akzent, und seine Frau stimmt ihm mit schriller Stimme zu. Edith, mit einer Wunde am Hinterkopf, mischt sich ein: «Das Hotel muß in Vorlage treten, das ist doch ganz klar.» Die anderen stimmen ihr zu; ihre Gesichter sind von der Sonne und vor Wut gerötet. Boris beobachtet seine Frau, die starrköpfig, schlagkräftig und von gerechtem Zorn erfüllt ist. Seine Verzweiflung ist ebenso groß wie der Schmerz zwischen den Beinen. Boris denkt an Impotenz, während seine Frau von der Besetzung des Hotels spricht, unter der begeisterten Zustimmung der anderen. Die beiden Mädchen an der Rezeption sehen dem Aufstand der Urlauber hilflos zu. Erst als einem Gast der Zugang zur Rezeption verwehrt wird – «dieses Hotel ist besetzt, hauen Sie ab, Mann», sagt Edith in ihrem schlechten Englisch –, greift eine von ihnen zum Telefon, um den Manager zu rufen.

In dem allgemeinen Tumult stürmt das fränkische Ehepaar die Nachtbar. Der Mann entreißt dem Jungen den Schlüssel zum Kühlschrank, in dem Bier und Cola lagern. Unter dem Gejohle der anderen verteilt er Bierflaschen, während der Junge die Flucht ergreift. Edith reißt Plakate von den Wänden, die Tioman als Urlaubsparadies preisen. Sie ist furchterregend; Boris ergreift die Whiskyflasche, die ihm jemand reicht, und setzt sie an den Mund. Die beiden malayischen Mädchen gehen hinter der Rezeption in Deckung, als die erste Bierflasche gegen einen Computer fliegt.

Im exotischen Garten haben sich die übrigen Gäste versammelt, um dem Spektakel aus sicherer Entfernung zuzusehen. «Are they having a party?» fragt eine Australierin. Die Briten halten sich zurück, während drei junge Aussies sich entschlossen der Hotelhalle nähern. Sie langweilen sich in diesem Paradies und begrüßen die Gelegenheit zu einer saftigen Schlägerei. Es ist Boris' Pech, daß er ein wenig abseits steht und den ersten australischen Boxhieb kassiert. Fünf deutsche Männer und Edith stürzen sich auf die Australier, als Boris zu Boden geht. Die deutschen Frauen bewaffnen sich mit leeren Bierflaschen, um eine eventuelle neue Angriffswelle abzuwehren. Dies ist der Stand der Dinge, als der Hotelmanager, flankiert von zwei Nachtwächtern, die Hotelhalle betritt. «Aufhören», schreit er, doch niemand hört auf ihn. Boris hat sich an einem geschnitzten Holzpfahl hochgezogen und sieht seine Frau inmitten des Schlachtgetümmels. «Hier ist das Schwein», ruft sie und zeigt auf den Manager. Sie stürzt sich auf ihn und zielt mit dem Knie auf eine Stelle, die Boris zu einem erschreckten Aufschrei veranlaßt. Sie trifft knapp daneben, und wird von einem Nachtwächter festgehalten, der seinerseits von dem Franken angegriffen wird. Edith reißt sich los und stürmt erneut auf den Manager zu, der sie mit einem Boxhieb mitten ins Gesicht empfängt. Auch österreichischer Charme hat seine Grenzen: Boris sieht seine Frau zu Boden sinken, sie dreht sich im Fallen und sieht ihn an. «Du Feigling», sagt ihr Blick, dann verdreht sie die Augen.

Der Standaschenbecher, den Boris ergreift, wiegt schwer in seiner Hand. Er taumelt, als er damit auf den Manager zugeht. Boris hebt ihn hoch, so weit er kann, und läßt ihn auf den gelockten Hinterkopf des Mannes niedergehen, der seine Frau brutal zusammengeschlagen hat. Der Manager stöhnt auf, bricht in die Knie, und dann mit blutendem Hinterkopf auf den Holzboden. Der Standaschenbecher rollt über den Boden, dies ist das einzige Geräusch in der plötzlichen Stille. Die anderen sehen ihn an, als ob er zu weit gegangen sei. Edith hockt auf dem Boden und hält sich die schmerzende Wange. Die Australier treten geschlossen den Rückzug an.

«Du Idiot», sagt Edith. «Du hast ihn umgebracht.»

Der österreichische Manager stöhnt. Boris geht auf seine Frau zu. Postwertzeichen in kleinen Mengen verstellen manchmal den Blick auf das Wesentliche. Er holt aus wie beim Fußballspielen und versetzt ihr einen Tritt in den Unterleib, der sie vor Schmerz gellend aufschreien läßt. «Das wollte ich schon lange tun», sagt Boris, bevor ihn die beiden Nachtwächter ergreifen und von seinem Opfer wegzerren.

Diesseits von Afrika

Es ist heiß. Das Gras flimmert in der Sonne, und sie sieht nur die schwarze, lichtumflutete Figur mit dem Rasenmäher. Sie hört die Geräusche des Motors, laut und aufdringlich, sie stören den Frieden dieses Samstagnachmittags und unterbrechen den trägen Fluß ihrer Gedanken. Sie weiß, daß man den Rasen kurzhalten muß, der Schlangen wegen. Sie hat Angst vor Schlangen. Doch Joe hält den Rasen niedrig, und die Schlangen bleiben im Busch oder erschrecken die Kinder im Compound, jenem Teil der Farm, in dem die schwarzen Bediensteten wohnen. Dort wächst das Gras ungehindert, wenn es regnet, oder es verdorrt in der glühenden Sonne.

«Die Leute haben andere Sorgen als Rasenpflege», sagt Frederik, obwohl es ihm darum geht, knappes Wasser nicht zu verschwenden. Frederik ist Rosies Mann. Rosie ist Brigittes Freundin aus Schultagen. Sie hat Frederik während eines Urlaubs in Mauritius kennengelernt, sich verliebt, verlobt, verheiratet, die übliche Geschichte mit vorläufigem Happy-End. Rosie hat mit dem Mann den Beruf der Farmerin gewählt und lebt in der Nähe von Zeerust, Transvaal, Republik Südafrika. Sie hat Brigitte schon oft eingeladen, auf die Farm in Transvaal, aber Brigitte, früher Anti-Apartheid-Aktivistin («Kauft kein Obst aus Südafrika»), hat immer abgesagt, schon aus politischer Überzeugung. Sie hat Geldprobleme vorgeschoben, um Rosie nicht zu verletzen. Auch in ihrer Blütezeit als Aktivistin gab es Nischen, und Rosie war eine davon. Brigitte hat die kleine Schwarzhaarige immer gern gemocht, vielleicht, weil Rosie so unbefangen war, politisch naiv und dennoch bereit, mitzumachen, wenn man sie erst von einem Anliegen überzeugt hatte. Ein Gefühlsmensch, wie Brigitte zu den anderen sagte, um Rosie zu verteidigen.

Es ist lange her, zehn Jahre. Rosie verschwand plötzlich auf ihre Farm in Afrika, und die anderen aus der Clique fielen nach und nach dem bürgerlichen Leben anheim. In den Regalen der Hamburger Kaufhäuser liegt Obst aus Südafrika, Chile und El Salvador, und Mandela ist längst kein Fall mehr für amnesty international. Es gäbe andere Themen, für die es sich zu kämpfen lohnte, doch die Aktivisten sind müde geworden. Brigitte unterrichtet Deutsch und Englisch am Gymnasium in Eppendorf. Sie lernt Yoga und Bauchtanz und findet keinen Mann, mit dem sie ihr Leben teilen will. Sie behauptet, ihre Unabhängigkeit zu lieben, doch manchmal ist sie einfach nur einsam und verzweifelt.

«Du mußt deine Ansprüche herunterschrauben», schrieb Rosie aus Afrika, und Brigitte dachte damals, daß sie gewiß nie so tief gesunken wäre, einen Buren zu heiraten, einen, der Rinder und Pferde züchtet und eine Farm in Transvaal besitzt. Rosie schrieb so viele Briefe, es war unmöglich, sie zu beantworten. Mit der Zeit begann Brigitte, Rosie zu hassen: Weil sie ihretwegen ein schlechtes Gewissen hatte und auch, weil die Briefe so fröhlich waren, Berichte eines glücklichen, luxuriösen, ausgefüllten Lebens. Grauenhaft. Zehn Jahre lang las Brigitte Rosies Briefe, saß in ihrer Zwei-Zimmer-Wohnung mit Mini-Balkon und verfluchte den Tag, an dem Rosie ihren rassistischen Märchenprinzen kennengelernt hatte.

Vielleicht hatte sie die Einladung nur angenommen, um Rosies Briefe Lügen zu strafen? Das Wiedersehen am Flughafen von Johannesburg war immerhin ein erster Sieg nach Punkten: Rosie sah nicht glückstrahlend aus, als sie Brigitte in die Arme fiel. Sehr mager, sehr sonnengegerbt und älter als ihre vierunddreißig Jahre stand sie vor Brigitte, eine Farmersfrau, Mutter zweier Söhne (drei und vier Jahre). Sie trug einen Einkaräter am Ringfinger, doch sie erschien Brigitte intellektuell verdorrt, ausgebrannt. Das Unglück der anderen kann so tröstlich sein.

«Ich bin so froh, daß du endlich gekommen bist. Es wird ein wunderbares Weihnachtsfest werden», sagte Rosie am Flughafen von Johannesburg.

Es ist Sommer in Südafrika, ein heißer Sommer, der den politischen Wandel gebracht und die Fronten verschärft hat. Weiß gegen weiß, schwarz gegen schwarz – und die Massen wollen Arbeit, Land, ihre fettes Stück vom Kuchen anstelle der Krumen, die man ihnen zugeworfen hat. Brigitte sitzt auf der Terrasse, sie löffelt träge ein Stück Torte und beobachtet Joe, den Gärtner, und Rosie, die mit ihren Söhnen am Pool spielt. Sie winkt Brigitte, doch die läßt sich mit einer abwehrenden Handbewegung in den Gartenstuhl zurücksinken. Rosies Kinder sind so anstrengend, sie zieht es vor, zu schwimmen, wenn die beiden im Haus sind, bei Regina, der Nanny, eine Schwarze natürlich, genau so, wie man sich die dicke und treue Negermammi vorstellt.

Sprachliche Rassismen, wie sie ihr in Hamburg nie passiert wären: Brigitte achtet sehr darauf, das multikulturelle Vokabular zu pflegen, schließlich sind Worte verräterische Träger von Vorurteilen. Rosie und Frederik merken das gar nicht mehr. Nicht daß sie «Nigger» sagen, die van Kreelens sind Liberale, was immer das in diesem Land heißen mag. Aber hier und da, wenn Rosie von ihrem Personal spricht oder Frederik von seinen Arbeitern, dann hört die sensible Germanistin die sprachlichen Ausläufer von hundert Jahren Apartheid. Schließlich: Rosie und Frederik leben im intellektuellen und kulturellen Niemandsland, gleichsam abgeschnitten von der Welt und gefangen in einem Stück Land, das von Kühen und Pferden bevölkert ist. Land, das sie den Schwarzen gestohlen haben. So sieht Brigitte das, so würde sie es jedoch nicht sagen.

Zeerust besteht aus einer Hauptstraße, gesäumt von häßlichen Häusern, schlampigen Gemischtwarenläden, Fast-food-Restaurants, einer Tankstelle, Kirche, Post, dem Gemeindeamt, der Polizeistation. Zeerust besteht aus rotgesichtigen Buren und schwarzen Mitbürgern, Farmern und Farmarbeitern. Wildwest oder tiefer Süden: Das einzige Hotel am Platze hat seine Schilder «Whites Only» entfernt, dennoch bleiben die Schwarzen draußen. Zeerust ist Apartheid live. So hat es Brigitte gegenüber Frederik formuliert, bei einem Abendessen, und er widersprach ihr nicht. Er spricht überhaupt nicht viel, und wenn, dann von Pferden und Kühen und Preisen, die man für Pferde oder Kühe erzielt. Er ist attraktiv, wenn man blonde Hünen mag, und er ist höflich gegenüber Brigitte und liebevoll zu seiner Frau. Brigitte hat ihn in ihrer Männerschublade mit der Aufschrift «langweiliger Ehemann» begraben.

Arme Rosie. Brigitte nimmt dankbar den Eistee entgegen, den ihr Elsa, das Hausmädchen, auf der Terrasse serviert. Elsa ist schwarz, jung und attraktiv, und Brigitte würde sie gerne nett finden, hat jedoch ihre Probleme mit Elsa. Sie trägt eine Form kaum verhüllter Aggressivität zur Schau, die Brigitte von ihren Problemschülern in Hamburg kennt. Arme Rosie, mit all ihrem Personal, ihrem luxuriösen Haus mit den schweren südafrikanischen Möbeln. Mit ihrem Pool, den Pferden, dem Landrover, den allsonntäglichen Braais, bei denen im Kreis der Nachbarn und Freunde riesige Steaks über riesigen Feuern gebraten werden. Arme, arme Rosie in ihrem weißen Elfenbeinturm, den keine politische Reform zu erschüttern vermag.

Brigitte empfindet das gesellschaftliche Leben von Zeerust als Krankheit, gegen die es offenbar nur eine Medizin gibt: Alkohol. Südafrikanischer Wein fließt reichlich, und nach Sonnenuntergang trinken die Männer Zuckerrohrschnaps oder Whisky, während ihre Frauen an Pink Gin's nippen. Die Männer tragen kurze Hosen und trinken Bier aus Dosen. Sie schwitzen und reden über Kühe, Pferde und Politik. Ihre Frauen, in geblümten Kleidern und Sonnenhüten, gleichen den kräftigen Kühen, mit denen ihre Männer Geld verdienen. Sie sind sehr freundlich zu Brigitte, und dennoch fühlt sie sich fremd, fremder, am fremdesten.

«Du bist also glücklich hier», sagt Brigitte, als Rosie sich zu ihr setzt. Nanny hat die plärrenden Jungs ins Haus geholt, und Elsa serviert frischen Eistee und Sandwiches. Brigitte fängt Elsas Blick auf und erschrickt: Haß? Wie kann dieses Mädchen jemand hassen, der immer freundlich zu ihr war, ihr sogar anbot, sie zu duzen? Elsa vermeidet seither die Anrede «ma'm». Sie weicht aus, wenn Brigitte sie persönlich anspricht.

«Elsa ist ein wenig schwierig», sagt Rosie, als das Mädchen im Haus ist. «Natürlich bin ich glücklich, was ist das für eine Frage? Ich habe Frederik, die Kinder... so weit du sehen kannst, ist das unser Land. Es ist ein wunderbares Land... es wird alles gut werden, wenn wir nur die Radikalen in den Griff bekommen.»

Brigitte hat ihre Sonnenbrille aufgesetzt, ihr Gesicht ist skeptisch wie immer, und Rosie denkt, daß es ein Fehler war, ihre Freundin einzuladen. Die scharfzüngige Ironie, die sie früher so an ihr bewundert hat, ist einer bitteren Negativhaltung gewichen, die abstoßend wirkt. Rosie versucht, fair zu sein: Vielleicht projiziert sie ja nur ihre Ängste und Sorgen auf Brigitte. Südafrika versinkt in Chaos, und der Zaun, den sie um ihr Land gezogen haben, er wird nicht hoch genug sein.

«Vielleicht ist es schon zu spät – für die Weißen jedenfalls.» Brigitte sieht in Rosies gequältes Gesicht und fühlt Genugtuung. Die vielen glücklichen Briefe aus Transvaal lösen sich in Nichts auf.

Rosie senkt ihre Stimme, obwohl sie deutsch sprechen: «Frederik hat aus sicherer Quelle erfahren, daß unter unseren Leuten ein Mitglied einer schwarzen Radikalenorganisation ist. Sie planen irgendwas in dieser Gegend. Ich mache mir Sorgen, verstehst du?»

Es gibt viele Splitterorganisationen, die Mandelas Kooperationskurs ablehnen. Brigitte ist selbstverständlich informiert, sie wundert sich nur, daß Rosie sich mit schwarzer Politik auseinandersetzt. Natürlich, wenn's um die eigene Haut geht... «Euch wird schon nichts passieren, ihr zählt ja zu den guten Weißen.»

Böse klingt das. Die Frustration, einen Urlaub unter Menschen zu verbringen, die sie aus ideologischen Gründen ablehnt, bricht sich Bahnen und führt zu einem bitteren Streitgespräch zwischen den beiden Frauen. Früher hatte Rosie immer eingelenkt, wenn es Auseinandersetzungen gab, aber früher war es um Themen gegangen, die sie nicht wirklich berührten. Jetzt verletzt es sie zutiefst, wie gnadenlos Brigitte mit den weißen Südafrikanern abrechnet. Und während sie Sätze austauschen, die zu keinem gemeinsamen Nenner führen, fragt sich Rosie, wen von ihren Leuten sie fürchten muß. Einen der Arbeiter, die im Compound leben? Oder etwa Elsa, ein Feind im eigenen Haus? Rosie denkt an ihre beiden Kinder und an Frederik, der in Johannesburg ist und erst morgen zurückkommt. Er wird zusätzliche Alarmanlagen und Waffen mitbringen. Die Nachbarn wollen eine Art Selbstschutztruppe aufstellen. Sie haben alle Angst, und weil sie Angst haben, werden sie überreagieren und die Spirale der Gewalt weiterdrehen...

«Gewalt erzeugt Gegengewalt», sagt Brigitte jetzt. Rosie steht abrupt auf. «Ich habe noch einiges zu erledigen. Wir sehen uns dann beim Abendessen.»

Ist Rosie enttäuscht oder erleichtert, als Brigitte ihr zwischen Hauptspeise und Dessert ankündigt, daß sie in zwei Tagen abreisen will? Johannesburg, Soweto, vielleicht sogar ein Weiterflug nach Kapstadt... Brigitte merkt, daß Rosie an ihren weiteren Reiseplänen nicht interessiert ist, sondern Elsa beobachtet, die Schalen mit frischem Obst auf den Tisch stellt. Das klirrende Geräusch läßt die beiden Frauen zusammenzucken. Elsa lächelt, doch ihr Lächeln gefällt Rosie nicht.

«Es tut mir leid, daß du den Heiligen Abend nicht bei uns verbringst.» Rosie sagt es ohne Bedauern, obwohl sie heute, an diesem Abend, froh ist, nicht allein im Haus zu sein. Die Kinder schlafen. Elsa, das Hausmädchen, und Regina, die Kinderfrau, werden, nachdem sie in der Küche gegessen haben, zurück zum Compound gehen, in ihre Häuser, zu ihren Leuten. Der Compound liegt so weit vom Master-Haus entfernt, daß man nichts hört von ihrem Singen, ihrem Lachen und den Streitgesprächen, die laut werden, wenn die Männer zu viel Bier getrunken haben.

«Wir sollten noch eine Flasche Wein öffnen und über alte Zeiten reden», sagt sie, und Brigitte lächelt. Der Entschluß, abzureisen, hat sie milder gestimmt. Sie wird dem Weihnachts-Braai entgehen, dem Plastiktannenbaum, dem sentimentalen Familienspuk bei 40 Grad im Schatten.

Rosie und Brigitte sprechen über alte Zeiten, über alte Lieben und die gute, alte radikale Zeit in Hamburg. Sie hören die drei Männer nicht, die durch die Hintertür ins Haus kommen. Sie war nicht abgeschlossen, aber dies hätte die Männer nicht aufgehalten. Sie sind jung, sie sind arm, sie haben so wenig zu verlieren. Und sie tragen Waffen, alte Maschinengewehre, die ihnen Macht geben, Macht über Leben und Tod. Draußen ist es dunkel, und sie gehen in das Licht. Einer von ihnen urinierte vorher in den Swimmingpool, weil er ihn obszön fand, und die anderen lachten. Jetzt sind sie im Haus, das ihnen gehört für diese Nacht. Sie tragen Phantasieuniformen und wissen, daß der Feind keine Chance hat.

Die beiden Frauen scheinen dies sofort zu begreifen. Die Blonde schreit, während die andere stumm dasitzt und die Eindringlinge ansieht, als habe sie sie erwartet. Einer der Jungs schlägt der Blonden ins Gesicht, damit sie still ist. Er fragt in makellosem Englisch, wo der Safe sei, das Geld, der Schmuck, alles Wertvolle in diesem Haus.

Die Dunkelhaarige schweigt. «Tu was», sagt Brigitte in deutsch. «Du mußt ihnen alles geben.» Der Junge drückt seine Waffe gegen ihre Brust. Er steht ganz nah vor ihr, und Brigitte versucht ein erbärmliches Lächeln in ein Gesicht, das vor ihren Augen zu einer dunklen Masse verschwimmt. Gelbe Augen, weiße Zähne, ein Grinsen, das ihr tödlicher erscheint als seine Waffe. Sie werden uns vergewaltigen, denkt Brigitte, und versucht, sich an den Selbstverteidigungskurs gegen potentielle Vergewaltiger zu erinnern. Nichts, kein vernünftiger Gedanke ist möglich angesichts ihrer großen Angst. Sie sieht zu Rosie, die etwas sagt, das sie nicht versteht. Zwei der schwarzen Männer durchwühlen Schubladen, der dritte weist die Frauen mit einer Bewegung der Waffe an, sich nebeneinander hinzusetzen, auf die Couch neben dem Telefon, das wie ein Rettungsring glänzt und dennoch unerreichbar ist. Rosie sagt den beiden die Kombination des Safes. Sie wirkt ganz ruhig, und Brigitte denkt, sie wird irgendwie mit den Jungs fertigwerden. Sie muß es, sonst sind wir verloren. Brigitte wagt es nicht, den Mann zu fragen, ob sie zur Toilette gehen darf. Sagt: «Wir sind Deutsche. Wir sind auf eurer Seite.»

«Shut up», sagt der Junge und richtet seine Waffe auf sie. Sie glänzt, als ob sie frisch poliert sei, und Brigitte tastet nach Rosies Hand. Rosies Hand ist heiß und ablehnend. «Oben in den Schlafräumen ist nichts Wertvolles», sagt sie. Das ist eine große Lüge. Sie betet, daß die Jungs nicht aufwachen, nicht schreien. Sie betet um das Leben ihrer Kinder und um ihr eigenes. Sie verspricht Gott, eine Kirche zu bauen auf dem Compound, eine schöne Kirche für die Arbeiter und ihre Familien.

Die beiden Jungs packen Pässe und Papiere, Geld und Schmuck in eine alte Aktentasche. Sie arbeiten schnell und effektiv und werfen achtlos zu Boden, was sie nicht gebrauchen können. «Sie werden uns doch nichts tun», flüstert Brigitte. Rosie schüttelt ihre Hand ab. Brigittes Berührung tut weh, denn ihr Körper fühlt sich an wie ein gespannter Bogen. Sie weist auf den silbernen Kerzenleuchter, ein Erbstück, an dem Frederik sehr hängt. Sie wünscht, er wäre hier, auch wenn es nichts ändern würde. Die Jungs werfen den Kerzenleuchter in die Aktentasche. Dann reden sie miteinander in Tswana, sie versteht nur ein paar Wörter, sie hat die Sprache nie richtig gelernt.

«Was sagen sie?»

Rosie hört Brigitte, aber sie bringt es nicht fertig, ihren Kopf zu drehen. «Sie werden jetzt nach oben gehen», sagt sie und beginnt zu weinen. Rosie weint um sich und ihre Kinder, und sie merkt nicht, daß die Waffen der drei jetzt auf sie gerichtet sind. Ein ratterndes, mörderisches, endloses Geräusch durchdringt die Stille des Raumes. Brigitte schreit NEIN!, als die Kugeln sie treffen, während Rosie still stirbt.

Die Frau, die an der Tür steht, kommt näher und sieht auf die beiden Frauen hinab. «Ihr sollt nicht so viel Munition verschwenden», sagt sie zu den Jungs, bevor sie die Aktentasche inspiziert. «Oben, im Master-Schlafzimmer, ist noch Geld im Schrank», sagt sie zu dem Ältesten, der ganz cool ist, während die beiden anderen nervös mit ihren Waffen hantieren und vermeiden, die toten Frauen anzusehen.

«Und was machen wir mit den Jungs?»

Regina sieht nach oben, hört das Geschrei der Kinder, die von den Schüssen aufgewacht sind. Kleine Jungen werfen Steine und werden dafür erschossen. Aus kleinen Jungen werden Soldaten, die Feinde sind. Und dies hier ist Krieg. Ein paar Sekunden zögert sie, dann sagt sie: «Tötet sie.»

Der Ältere befiehlt den beiden, nach oben zu gehen. Er ist ganz cool, denn er ist Soldat, und Soldaten müssen töten.

Während die Schüsse fallen, windet Regina den Einkaräter von Rosies Finger und steckt ihn auf den kleinen Finger ihrer rechten Hand. Sie denkt, daß der Diamant auf schwarzer Haut viel heller glitzert.

Die Reise der alten Damen

Dora sieht aus wie ein verschrumpeltes Huhn, das niemand mehr schlachten möchte, sei es aus Mitleid oder kulinarischen Erwägungen. Ein vergnügtes altes Huhn von zäher Konstistenz: Sie lächelt ihre Mitreisenden freundlich an, während sie sie neugierig mustert. Sie raucht und holt jetzt einen silbernen Flacon hervor, aus dem sie einen winzigen Schluck nimmt – ein Akt des senilen Alkoholismus, wie ihre Begleiterin meint.

Evelyn raucht und trinkt nicht mehr, seit sie beschlossen hat, hundert Jahre alt zu werden. Noch zwanzig Jahre also, die ihrer alten Freundin sicher nicht gegönnt sind, so wie sie mit ihrer Gesundheit umgeht. Die arme Dora wird ein böses Ende nehmen, auch wenn der Volksmund sagt, daß Reiche länger leben.

Evelyn beneidet Dora um ihr teures Kostüm und den exquisiten Schmuck und findet es im höchsten Maße ungerecht, daß ihr Mann ihr kein Vermögen hinterlassen hat, sondern eine «auskömmliche Rente», wie sie es zu formulieren beliebt. Tatsache ist, daß sie ziemlich knapp bei Kasse ist, andernfalls hätte sie Doras Einladung, sie auf ihrer Reise zu begleiten, schon aus Stolz abgelehnt.

«Lauter alte Leute in der Reisegruppe.» Evelyn rümpft die Nase, die auch in ihren besten Jahren kein Prunkstück war und nunmehr einer ausufernden Knolle gleicht. Ihr rundliches Gesicht trägt einen permanenten Ausdruck von Mißbilligung, die immer ein geeignetes Objekt findet.

«Alle ungefähr in unserem Alter. Stell dich nicht so an, Evelyn. Der Typ da hinten zum Beispiel, na, der mit der Mütze, der sieht doch recht flott aus.» Dora läßt ihre Blicke durch die Abflughalle wandern: «Aber natürlich sind die Weiber in der Überzahl.»

«Starr ihn um Himmels willen nicht so an.» Evelyn greift nach ihrer Handtasche und überprüft zum fünften Mal, ob sie ihre Reiseunterlagen – Paß, Schecks, Bargeld – eingepackt hat. Sie ist nervös und nimmt eine Pille gegen hohen Blutdruck. Auch meint sie, ihr Herz zu spüren, es flattert auf merkwürdige Weise, wo um Himmels willen hat sie ihre Herzpillen verstaut, doch nicht etwa im Koffer?

Dora sieht Evelyn an wie ein Sammler ein besonders exotisches Exemplar. Herzverfettung, denkt sie mitleidlos. Evelyn war in jungen Jahren von atemberaubender Üppigkeit, doch übriggeblieben ist nur altes Fett. Evelyn, ihre älteste und innigste Freundin, war früher viel attraktiver als Dora, die Spindeldürre. Kein Wunder, daß Eberhard sie ihr vorgezogen hat. Eberhard, der zweite Geiger eines zweitklassigen Orchesters, den Dora über alle Maßen geliebt hat. Soweit sie sich erinnern kann, denn es ist verdammt lange her. Eberhard und Evelyn: Zeit hat sich auf den Schmerz gelegt, doch Zeit hat ihn nicht ausgelöscht. Damals, als sie von der Hochzeit der beiden erfuhr, da wollte sie sich umbringen. Mit Schlaftabletten: ein untauglicher Versuch, den sie nicht wiederholte.

Denn Dora traf Jonas, einen sehr netten Mann mit erfreulich viel Geld, und sie nahm ihn und produzierte Kinder, alles in besten finanziellen Verhältnissen, angenehm und überhaupt nicht aufregend. Dora kann sich vor allem an Jonas' Tod erinnern, vor fünf Jahren: sein qualvolles Sterben an Magenkrebs, die Zeit seines Schmerzes und seiner Verzweiflung. Er war ein guter Mann, und das hatte er nicht verdient.

Damals war Evelyn schon Witwe, nicht in besten Verhältnissen, denn zweite Geiger pflegen keine üppigen Witwenrenten zu hinterlassen. Man war in Verbindung geblieben über all die Jahre, und seit sie beide Witwen sind, hat Dora die Freundschaft stark forciert. Nicht unbedingt aus edlen Motiven: Es macht ihr Freude, Evelyns neidische Blicke zu sehen, ihre Klagen zu hören, ihr Unglück zu kommentieren. Evelyns einziger Sohn klimpert in Bars, während Doras Tochter als Chirurgin arbeitet und ihr Sohn Frederik die Familienbank übernommen hat. «Wunderbare Kinder», wie Dora stets zu Evelyn sagt. Tatsächlich findet sie ihre beiden Nachkommen spießig, aufgeblasen und herzlos. Ihre lieben Kinder, die Angst haben, daß Dora auf ihren Reisen das Erbe verpraßt. Schon möglich, daß ihr ein verkrachter Musiker als Sohn lieber gewesen wäre, aber eher würde sie sich die Zunge abbeißen als dies Evelyn gegenüber anzudeuten.

Vielleicht wird sie es doch tun auf dieser Reise, denn Dora weiß, daß die Zeit der Wahrheit gekommen ist. Als sie im Flugzeug sitzen, zeigt Dora Evelyn, wie man den Gurt befestigt. Die Sessel sind breit und bequem; die Maschine ist ausschließlich für die Reisenden der Gruppe «Last Journey» reserviert. Ein merkwürdiger Name für ein Reisebüro, in der Tat, aber Dora hat Evelyn versichert, daß dies am skurrilen englischen Humor liege. Ein Londoner Reisebüro: Dora hat sehr lange gesucht, bis sie das Passende gefunden hat.

Während des Steigflugs über London zählt Dora die Mitreisenden: immerhin zweiundzwanzig Personen im Gesamtalter von etwa eintausendsechshundert Jahren. Rund siebzig Prozent Frauen, und niemand sieht ärmlich aus, was angesichts der Kosten dieser Reise nicht weiter erstaunlich ist. Dora hat bereits mit der Reiseleiterin gesprochen: eine englische Adelige, im Vergleich zu ihren Schäfchen strahlend jung, dezent, höflich, very British.

Evelyns Englisch ist nicht das beste. Dora muß übersetzen, was Evelyn ärgert, und natürlich unterschlägt sie dies und jenes, die Zwischentöne, die ihre Freundin mißtrauisch machen könnten.

«Ich weiß wirklich nicht, ob mein Herz diesen langen Flug verträgt. Ich hätte nicht mitfahren sollen.»

Evelyn nimmt dennoch von dem Champagner, der gereicht wird. Dora trinkt «Blue Label» mit Eiswasser; mit zunehmendem Alter neigt sie zu harten Getränken; möglicherweise hat sie sich auch an Champagner leid getrunken. Ein so angenehmes Leben, erstaunlich, daß ihr früher nie aufgefallen war, wie fade es war. Champagner, Jonas und die Kinder, eine lächerliche Affäre mit Jonas' Sekretär, der sich davon besondere Aufstiegschancen erhoffte und statt dessen gefeuert wurde. Auf Doras Betreiben, als ihr der Mensch lästig geworden war.

Der Whisky liegt warm im Magen, und Dora würde sich beinahe wohl fühlen, wenn Evelyn nicht quengeln würde. Das Herz, der Kreislauf, die geschwollenen Beine... es ist ein Jammer, alt und schäbig zu werden, nicht wahr, schöne Evelyn... habe ich dir schon von meinen Blutzuckerwerten erzählt, von meinen schmerzenden Knochen und dem Leberkrebs, der mich auffrißt von innen her, sich ausbreitet wie ein Flächenbrand? Kein Alkohol mehr, hat der Hausarzt gesagt, kein Alkohol und keine Zigaretten und strikte Diät, dieser Trottel, als ob sich die Krankheit durch solche Lappalien stoppen ließe. Alle Ärzte sind Idioten, alle lügen, weil sie keinen Mumm haben, und sich als Lebensretter gerieren, während sie doch nur mehr oder weniger begabte Handwerker sind. So wie ihre Tochter, die in Hirnen fremder Menschen und an der Hose des Chefarztes herumfingert.

Evelyn erzählt von ihren Krankheiten, während sie Kaviar löffelt. Dora ißt fette Gänseleberpastete, die vorzüglich schmeckt, und sie hört kaum zu, sondern taxiert die Passagiere in ihrer Nähe. Sehen alle alt aus. Gebrechlich ein paar, aber gute Gesichter sind noch zu erkennen unter den Falten und Tränensäcken und falschen Zähnen, Brillen und Hörgeräten. Die Frauen tragen viel Schmuck, das lenkt ab von den runzeligen Hälsen und Altersflecken auf den Händen. Der Typ mit der Mütze ist nicht in ihrer Nähe, schade, aber vielleicht ergibt sich später die Gelegenheit zu einem altersschwachen Flirt.

Dora döst nach drei Whiskys, während Evelyn den Bordfilm ansieht, eine Geschichte mit schönen, jungen Menschen, die nach unschönen Verwicklungen ein Happy-End erleben dürfen. Sie weint ein bißchen, aus dummer Sentimentalität würde Dora sagen, aber Evelyn schämt sich ihrer Gefühle nicht. Was ist schon geblieben außer den schönen Filmen und Erinnerungen, außer gutem Essen und gutem Klatsch? Man wird so bescheiden im Alter, denkt Evelyn. Der Gang zum Arzt ist doch schon ein Erlebnis; das Gespräch mit dem Apotheker ein Höhepunkt des Tages, und die Friedhofsbesuche ein gesellschaftliches Ereignis. Natürlich wird man einsam, wenn man alt wird. Aber auch stolz. Stolz darauf, es so lange geschafft zu haben, immer noch rüstig auf den Beinen, während die anderen einfach wegsterben. Das bloße Überleben zählt, das ist Evelyns Kampfspruch. Dafür schluckt sie zehn Pillen am Tag und erträgt die Schmerzen des Alters. Wenn sie bloß jemandem erzählen könnte, wie sehr sie die jungen Leute haßt, die so sorglos mit dem Leben umgehen. Sie mag sie nur im Fernsehen, als Kunstfiguren. Die wirklichen jungen Leute sind eine Provokation der Alten. Sie sind dumm, selbstgefällig und rücksichtslos. Ihr Sohn kommandiert sie herum, als sei sie ein lästiger Restposten in seiner Menschenkollektion. Dies alles würde sie Dora nie sagen. Dora erzählt sie, wie sensibel und anhänglich der Junge ist. Und daß Geld nicht alles im Leben sei. Als ob sie nicht wüßte, daß es alles ist, was am Ende zählt. Wer wird das luxuriöse Altersheim finanzieren, in das sie gerne einziehen würde, wenn sie nicht mehr für sich selbst sorgen kann?

Dora schnarcht. Dora hat keine Sorgen, die kann sich zwei Pflegerinnen leisten, wenn es soweit ist. Dora kann sich bis zu ihrem vermutlich früheren Ende mit Dienstboten umgeben ... ob sie sie in ihrem Testament bedenken wird? Evelyn nimmt sich vor, das Thema «Altersheim» im Verlauf der Reise anzuschneiden. Schließlich sind sie seit jungen Jahren miteinander befreundet, auch die Sache mit Eberhard hat daran nichts ändern können. Natürlich war Dora verletzt, anfangs, aber ihr Gefühlsleben war nie so üppig, daß sie lange gelitten hätte. Na, und schließlich hatte sie ja ihren Bankier gefunden, ein netter Mensch, wenn auch nicht so attraktiv wie Eberhard.

Vermißt sie ihn noch? Evelyn pflegt an seinem Grab zu weinen, aber vielleicht ist auch dies zu einem Ritual geworden. Schließlich waren die letzten Jahre mit ihm ziemlich anstrengend; stets mußte sie seinem Klavierspiel und der oft wiederholten Geschichte seiner versäumten Karriere lauschen. Natürlich war er ein wunderbarer, begabter Mann, aber eben auch launisch, unpraktisch und mit zunehmendem Alter etwas boshaft. Auch dies würde Evelyn Dora nie erzählen, o nein, sie spricht über ihn nur in schönsten Wendungen, um ihrer Freundin zu zeigen, was sie an ihm versäumt hat. Mein Gott, das ist doch nur der gerechte Ausgleich für die finanzielle Unterlegenheit. Eberhard hat ihr nie eine dreireihige Perlenkette geschenkt, nur seine Kompositionen, die ohnehin niemand haben wollte. Vielleicht sollte sie Dora ein paar davon schenken im Hinblick auf das Testament. Evelyn lächelt ihrer schlafenden Freundin zu und überlegt, welche Summe angemessen wäre, bis sie schließlich auch einschläft.

Die Reisegruppe landet pünktlich in San Francisco, der ersten Station der Reise. Ein klimatisierter Bus holt die erschöpften Passagiere ab, alles ist perfekt organisiert, sogar Rollstühle werden bereitgestellt, um den Reisenden die Paß- und Zollformalitäten zu erleichtern. Ein klimatisierter Reisebus bringt die Gruppe zum *Highlands Inn* bei Carmel.

«Wir erfüllen all Ihre Wünsche», sagt Virginia, die Reiseleiterin, und ihre Alten lächeln entrückt und schläfrig. Eine Krankenschwester ist in den Bus zugestiegen, sie verteilt Stärkungspillen und rät Evelyn, ihre geschwollenen Beine hochzulegen. Während der Busfahrt sagt Dora: «Deine Jammerei ist ekelhaft. Sieh dir doch die anderen an, die sind zum Teil schon jenseits von Gut und Böse und ertragen die Strapazen mit hervorragender Haltung.»

«Warum machen die überhaupt so eine Reise, ich meine, wenn es ihnen so schlecht geht?»

Dora lächelt geheimnisvoll in die getönte Scheibe. «Frag sie doch. Du mischt dich doch sonst immer in anderer Leute Angelegenheiten.»

Das war gemein. Evelyn denkt an Doras Testament und schweigt. Nur aus Langeweile zählt sie die Reisenden, und ihr fällt auf, daß nur noch einundzwanzig Passagiere im Bus sitzen. Sie fragt die Krankenschwester, die sie gütig anlächelt und erklärt, daß eine Mitreisende in San Francisco ausgestiegen sei. «Sie fühlte sich nicht wohl genug, die Ärmste, die Reise fortzusetzen.»

Dora fühlt sich wohl im *Highlands Inn*, einem in die Berge gebautem Hotel der Luxusklasse, eine Symphonie aus Holz und Glas mit geräumigen Chalets, die aus Panoramafenstern den Blick auf die Steilküste und das Meer freigeben. Sie genießt Evelyns spitze Entzückensschreie bis zu einem gewissen Punkt. Genaugenommen kann sie alles in ihrem Leben nur noch bis zu einem gewissen Punkt ertragen. Die Müdigkeit nimmt überhand, die Rückkehr in das Ich äußert sich in zunehmender Gleichgültigkeit gegenüber dem Rest der Welt. Sie spürt wieder die Schmerzen, die ihr manchmal als das einzig Reale erscheinen. Ihr Körper läßt sie im Stich, er verweigert sich ihrer Seele, die merkwürdig jung geblieben ist – oder es ist so, daß sie wieder zurückkriecht in die Kindheit? Ein greinendes altes Baby will von seinen Kindern gepflegt und gegängelt werden; der Kreislauf schließt sich in erbarmungsloser Gerechtigkeit. *Du mußt dich jetzt hinlegen, Mama; das darfst du aber nicht essen, Mama; also wirklich, so benimmt man sich nicht in deinem Alter; wir werden das für dich regeln, Mama; stirb, Mama, bevor wir dich hassen, wie du uns manchmal gehaßt hast, als wir an deinem Rockzipfel hingen* ...

Dora erklärt Evelyn, daß sie allein zum Essen müsse; sie fühle sich nicht wohl. Sie legt sich auf das breite Bett, als ihre Freundin aus dem Haus ist. Ein Glas Whisky, das Beaudelaire-Bändchen, Worte, die nicht mehr trösten, der Schlaf, von dem sie hofft, daß es der letzte sein möge ...

Zu den Ereignissen des nächsten Tages zählen eine Rundfahrt durch Carmel, ein exzellentes Mittagessen und ein Selbstmord. Virginia berichtet darüber pietätvoll beim gemeinsamen Diner. Es gibt als Hauptgang *Blackend Garupa*, und Evelyn läßt ihren Hauptgang ausnahmsweise zurückgehen. Sie findet es schrecklich, daß der reizende Mann mit dem Gehstock über den Zaun geklettert ist, um sich ins Meer zu stürzen. Hat sie sich nicht am Abend zuvor noch so nett mit ihm unterhalten? Wie kann man nur sein Leben so wegwerfen, auch wenn der Selbstmörder an multipler Sklerose litt, wie er ihr selbst gesagt hatte.

«Er machte einen so fröhlichen Eindruck, ich kann es einfach nicht glauben, Dora.»

Dora löffelt ihr Dessert aus frischen Beeren und läßt sich vom Kellner kalifornischen Wein nachschenken. «Vielleicht war er so gut drauf, weil er wußte, daß es endlich ein Ende hat.»

Ihre Herzlosigkeit erschüttert Evelyn. Auch daß die anderen Virginias Mitteilung so nonchalant aufnehmen. Sie essen und trinken, als ob nichts weiter geschehen wäre. Die Französin mit den dicken Brilliantohrringen hebt sogar ihr Glas und...

«Was hat sie gesagt, Dora?»

«Laßt uns darauf trinken, hat sie gesagt. Prost Evelyn. Das Leben ist eine Anstrengung, die einer besseren Sache würdig wäre.»

Trotz des schrecklichen Ereignisses bleibt die Stimmung in der Reisegruppe gelassen. Evelyn vermeint sogar, eine gewisse Heiterkeit wahrzunehmen, die allerdings fern von ausgelassener Urlaubsfreude ist. Die Kommunikation untereinander ist nicht sehr groß, man spricht die obligaten Sätze bei Tisch und bleibt im Wesentlichen für sich. Manchmal beobachtet Evelyn, wie verschiedene aus der Gruppe länger mit Virginia sprechen, entfernt von den anderen. Sie würde gerne wissen, worüber, überhaupt gibt es ein paar Dinge, die sie sehr merkwürdig findet. Sie spricht darüber mit Dora in Hawaii, im *Pink Palace*, einem Luxushotel am Strand, der im übrigen gräßlich überfüllt ist von gräßlichen jungen, braungebrannten, lärmenden Leuten.

«Niemand in unserer Gruppe hält Diät, und die meisten trinken auch noch Alkohol», sagt Evelyn, die vorwiegend Mineralwasser zu sich nimmt, ohne Eiswürfel, um sich keine exotischen Krankheiten zu holen.

«Nun laß sie doch. Dies ist eine Vergnügungsreise, meine

Liebe. Auch Mumien haben noch ihre Bedürfnisse.» Dora nimmt einen kräftigen Schluck aus ihrem Gin-Tonic-Glas. Im Gegensatz zu Evelyn findet sie das Klima angenehm, vielleicht, weil die Schmerzen abgeklungen sind. Sie genießt es, am Pool zu liegen und die Leute zu beobachten, während Evelyn unter der Hitze leidet und Angst hat, sich im Wechselbad von Sonne und Klimaanlage eine Erkältung zu holen.

Evelyn findet, daß Dora aussieht wie ein verbranntes altes Huhn. «Ja eben. Ich meine, die meisten sehen ziemlich krank aus und sollten sich wirklich schonen. Du übrigens auch.»

«Haferschleim für den Magen und Fencheltee für die Verdauung?» Dora lacht krächzend, einige Leute auf der Hotelterrasse sehen zu ihr hin und schnell wieder weg. «Es ist lächerlich und unwürdig, so lange zu leben. Siehst du nicht, wie peinlich wir den Leuten jetzt schon sind? Wir verderben ihr Urlaubsbild, weil wir sie an den Tod erinnern.»

«Du bist geschmacklos und betrunken.»

Dora lacht noch lauter, bis ihr Gesicht sich plötzlich unter Schmerzen verzerrt. Bevor Evelyn reagieren kann, ist die Krankenschwester zur Stelle, die Dora sanft am Arm nimmt, um sie in ihr Zimmer zu begleiten. Evelyn sieht den beiden nach und fragt sich, warum sie sich so ausgeschlossen fühlt? Weshalb unternehmen diese Leute eine gemeinsame Reise, wenn sie keine Gemeinsamkeit wollen? *Last Journey*, so ein dummer Name für eine Weltreise von älteren Leuten. Gewiß haben sie alle sehr viel Geld, aber das erklärt nicht die sonderbare Gleichgültigkeit, mit der sie miteinander umgehen. Niemand würde mit ihr sprechen, wenn sie nicht die Initiative ergreifen würde. Auch nicht Virginia, die bei den Essen und Ausflügen auftaucht und ansonsten ihre geheimnisvollen Zwiegespräche führt.

Der Mann mit der Mütze hat sich gestern abend an ihren Tisch gesetzt, das war schon ein Ereignis. Herbert von Tannhausen, ein österreichischer Adeliger, der mit Dora über Reisen plauderte, ein sehr gebildeter Mensch, aber irgendwie traurig. Sie kann es nicht erklären, aber etwas scheint die Reisenden der

Gruppe zu verbinden, etwas, das sie nicht kennt. Die Arroganz der Reichen? Wissen die anderen, daß Dora sie eingeladen hat, ja, daß sie nicht einmal eine Kreditkarte besitzt?

Zwei der Mitreisenden verlassen die Gruppe am nächsten Tag, um eine Schiffstour quer durch die Inselwelt zu unternehmen. «Sie haben sich gelangweilt», sagt Virginia beim Frühstück, und die anderen nicken verständnisvoll. Dora geht es besser, sie antwortet schnippisch auf Evelyns Einwand, daß dies doch eine große Geldverschwendung sei, eine Reise voll zu bezahlen und dann einfach abzuspringen.

Dora macht es im Flugzeug wieder gut, als sie Evelyns Klagen über die Unbezahlbarkeit von schönen Pflegeheimen mit dem Satz unterbricht: «Du mußt dir keine Sorgen um die Zukunft machen.» Evelyn interpretiert diesen Satz in ihrem Sinne und denkt, daß sich die Reise doch gelohnt hat.

Im *Regent-Hotel Fidji* gibt der österreichische Adelige unerwartet eine Party für die Reisegruppe. Er hält eine kauzige Rede, die mit Gelächter aufgenommen wird. Evelyn findet sie ein wenig morbid, seine Worte, auch wenn sie sich zur Feier des Tages ein Glas Champagner gönnt. Dora trinkt wie immer zu viel, ihre Stimmung ist wieder umgeschlagen. Evelyn findet sie zunehmend launischer: manchmal hektisch und fröhlich, ein andermal still und unzugänglich.

«Es muß schrecklich sein, arm *und* alt zu sein», sagt sie zu der Schweizerin mit der wunderschönen Korallenkette.

«Wieso?»

Evelyn greift nach einem zweiten Glas Champagner. Die Leute sind ungewöhnlich. Nicht mal normal reden kann man mit ihnen. «Naja, so eine Reise kann sich nicht jeder leisten.»

Die Schweizerin spielt mit ihrer Kette. «Ich finde, daß 200 000 Franken ein sehr angemessener Preis für diese Reise sind. Wenn Sie mich entschuldigen... es ist Zeit für meine Morphiumspritze.»

Dora fragte Evelyn, warum sie so erschrocken aussehe?

«Du hast mir nie gesagt, was das alles kostet. Das ist Wahnsinn, Dora. Für soviel Geld kann man sich in ein Top-Pflegeheim einkaufen, statt mit Morphinisten zu verreisen.»

Manchmal denkt sie, daß ihre Worte Dora nicht erreichen. Dora lächelt wieder so merkwürdig und murmelt, daß die Schweizerin wohl große Schmerzen habe. Sie läßt Evelyn einfach stehen und fordert den Gastgeber der Party zum Tanzen auf. Ganz alleine stolpern die beiden über die riesige Tanzfläche, die anderen sehen melancholisch zu, und Evelyn wünscht sich zum ersten Mal, daß sie zu Hause geblieben wäre.

Am nächsten Tag erklärt Virginia auf Evelyns Nachfrage, daß der österreichische Adelige einen Schwächeanfall erlitten habe. Man habe ihn auf eigenen Wunsch in ein lokales Krankenhaus auf einer entfernten Insel gebracht. Die Dame aus der Schweiz habe sich entschlossen, ihn zu begleiten.

Der künstliche Wasserfall rauscht. Dora liegt in ihrem Zimmer, und Evelyn zählt die Abgänge: Sie kommt auf sechs Personen, die Gruppe ist auf achtzehn geschrumpft. Der schottische Gentleman fragt sie, ob sie Lust auf ein Pokerspiel habe, und Evelyn verneint. Sie fühlt sich alt und einsam und wünscht sich zurück in die vertraute, schäbige Wohnung, in der Eberhards Flügel steht, den sie jeden Tag poliert.

In Santo Domingo ertrinkt das amerikanische Ehepaar beim Baden in einer ungeschützten Bucht, so jedenfalls Virginias Auskunft an die Reisegruppe. Niemand stellt neugierige Fragen außer Evelyn, die unter dem eisigen Schweigen der anderen schließlich aufgibt. Sie fühlt sich schlapp von der Hitze und wird von Dora aufgemuntert, die eine Neigung entwickelt hat, über alte Zeiten zu plaudern. Sie sind jetzt zwei Wochen unterwegs und haben die gemeinsame Schulzeit aufgearbeitet. Dora hört immer auf zu reden, wenn Evelyn sentimental wird.

Caracas findet Evelyn schrecklich, insbesonders, als die Schwedin beim Abendessen zusammenbricht. Herzversagen, lautet die Diagnose des Hotelarztes, doch Evelyn ist davon überzeugt, daß es sich um eine Lebensmittelvergiftung handelt. Und noch etwas: Sie glaubt mittlerweile, daß ein Fluch über der Reisegruppe liegt. «Das ist doch nicht normal», sagt sie zu Dora, die in Venezuela begonnen hat, über die Zeit mit Eberhard zu sprechen, über ihre Zeit mit Eberhard und Evelyns Zeit mit Eberhard. «So viele Todesfälle, ich meine, bald ist doch keiner mehr übrig. Ich habe Angst, Dora...»

«Weißt du noch, wie wir mit Eberhard zum Bergsteigen fuhren? Das war das Wochenende, als er mir abhanden kam. Du hast ihm schöne Augen gemacht, wie man das damals nannte. Heute würde man sagen, du hast dich an ihn rangeschmissen. Und Eberhard, die unmoralische Künstlerseele, sank an deinen prächtigen Busen, wo es warm und weich und anders war... Weißt du eigentlich, daß ich damals, als wir auf dem Gipfel standen, sehr große Lust hatte, dir einen Stoß zu geben. Du standest vor mir, Evelyn, direkt vor dem Abgrund, und es wäre so leicht gewesen...»

«Aber Dora!»

«Aber Dora.» Sie äfft Evelyn nach und winkt dem Kellner, ihr noch einen Whisky zu bringen. «Ich habe dieses Versäumnis später oft bereut. Mein Gott, nun sieh nicht so pikiert drein. Wir sind alt genug, um einander die Wahrheit zu sagen.»

«Du warst immer schon so direkt.»

«Aber selten ehrlich. Ich habe dir nie gesagt, daß du mein Leben ruiniert hast. Ich habe Jonas nie gesagt, daß er nur zweite Wahl war, und als ich wußte, daß er elend sterben wird, hab ich die Fassade aufrechterhalten, statt ihm die Wahrheit zu sagen. Und meinst du, meine Kinder und ich sagen einander, was wir denken?»

Ihre Stimme ist so laut geworden, daß die Gäste in der Lobby den beiden alten Damen neugierige Blicke zuwerfen. Evelyn ist das peinlich, sie spürt eine Veränderung in Doras Verhalten, die ihr nicht gefällt. So wie der Lauf, den diese Reise genommen hat, die vielen Toten und Verschwundenen... «Hast du keine Angst?» fragt sie ihre Freundin, bemüht, weiteren unangenehmen Wahrheiten auszuweichen.

«Ich habe kaum noch Gefühle, jedenfalls keine Angst mehr.

Auch nicht vor dem Tod, ganz im Gegenteil.» Dora lächelt jetzt, aber dieses Lächeln gefällt Evelyn ganz und gar nicht. Während sie Müdigkeit vorschützt und aufsteht, überlegt sie, wie sie Dora dazu veranlassen könnte, die Reise abzubrechen und mit ihr nach Hause zu fahren. Allein kann sie es nicht, wie soll sie den Rückflug bezahlen? Sie verschließt ihr Zimmer sorgfältig, bevor sie zu Bett geht. Sie reinigt ihr Gebiß und nimmt eine Schlaftablette, den kleinen Freund zum Einschlafen, der böse Gedanken und Rückenschmerzen so wirkungsvoll abtötet.

In Rio de Janeiro, während eines Ausflugs auf die Papageien-Insel, beobachtet Evelyn ein Streitgespräch zwischen Dora und Virginia. Die beiden sitzen am Strand, weit von ihr entfernt. Aber an den Gesichtern und Gesten kann sie erkennen, daß es ein keineswegs freundliches Gespräch ist. Die anderen sitzen unter einem schattigen Palmendach und lassen sich von dressierten Papageien unterhalten. Es kommt ihr vor, als ob wieder jemand fehlt, aber vielleicht wird sie auch langsam hysterisch. Zuviel Sonne, zu viele neue Schauplätze, das Reisen von einem Land zum anderen ermüdet entsetzlich, und die Bilder beginnen einander zu gleichen: Flugzeuge, Städte, luxuriöse Hotels, Strände, Palmen, das ewig blaue Meer. Dora kommt jetzt mit einem triumphierenden Gesichtsausdruck auf sie zu. «Im Hotel liegen noch ein paar Papiere, die du unterschreiben mußt», sagt sie zu Evelyn.

«Was für Papiere? Ich will nach Hause, Dora. Ich glaube, ich bin einfach zu gebrechlich für so eine weite Reise.»

«Unbedeutende Formalitäten, Evelyn. Daß du mit dem Rücktransport im Fall einer Krankheit einverstanden bist und so weiter. Die Papiere sind in englischer Sprache, aber ich habe sie auch unterschrieben, so daß du keine Bedenken zu haben brauchst ... nur noch zwei Wochen, Evelyn. Du kannst mich nicht einfach im Stich lassen. Ohne dich hätte mir die Reise nicht halb soviel Freude gemacht.»

Evelyn unterschreibt die Papiere, nachdem sie mit Schiff und Bus von der Insel zurück ins Hotel gebracht wurden. Zuviel

Sonne, sie verzichtet auf das Abendessen und verpaßt Virginias Mitteilung, daß zwei Mitreisende auf der Papageien-Insel zurückgeblieben seien. «Auch wenn Sie Ihre Reisepläne abändern, tun wir unser Bestes, Ihre Wünsche zu erfüllen», sagt Virginia. Sie sieht ein wenig erschöpft aus, die Organisation dieser Reise beansprucht all ihre Kräfte. Dora übergibt ihr Evelyns Papiere, und sie nimmt sie mit kühlem Nicken in Empfang. «Sie wissen, daß wir an die Grenzen unserer Kompromißfähigkeit gegangen sind», sagt sie, und Dora lächelt böse: «Ich habe nicht mehr genug Zeit, um auf andere Rücksicht zu nehmen, meine Liebe. Ich gehe davon aus, daß alles läuft wie besprochen.»

«Es wird wie immer perfekt organisiert.»

«Ich danke Ihnen, meine Liebe. Ich wußte, daß Sie den letzten Wunsch einer alten Frau respektieren würden.»

Die Putzfrau findet Doras Leiche am nächsten Morgen im Konzertsaal des Hotels. Ihr Kopf liegt auf der Tastatur des kostbaren Flügels, in ihrem Kopf ist ein winziges Einschußloch, und an der passenden Stelle liegt eine hübsche kleine Pistole. Selbstmord, sagt der Hotelarzt, der die Polizei informiert. Virginia, blaß und übernächtigt, verhandelt mit dem Hotelmanagement und der Polizei über eine möglichst diskrete Entfernung der Leiche, deren Rücktransport nach Deutschland die Reiseleitung übernehmen wird.

Evelyn nimmt die Nachricht vom Selbsttod der Freundin keineswegs so gelassen auf wie der Rest der Gruppe. Sie beginnt haltlos zu weinen, steigert sich zu hysterischem Geschrei und muß schließlich von der Krankenschwester mit einer Spritze ruhiggestellt werden. Der Rest der Gruppe, im Konzertsaal versammelt, findet die Szene unwürdig. Man ist froh, als Virginia und die Krankenschwester die Frau in ihr Zimmer bringen. Ein kleiner Regiefehler, man ist geneigt, dies den Organisatoren nachzusehen.

«Ruhen Sie sich aus, meine Liebe», sagt Virginia zu Evelyn, die sie von ihrem Bett angstvoll ansieht. Evelyn will wachbleiben, sie will schreien und anklagen, aber sie spürt den Schlaf kommen, eine große graue Wolke, die abzuwehren sie keine Kraft hat.

Evelyn findet den Brief neben ihrem Bett, als sie nach Sekunden oder Stunden aufwacht, noch umnebelt von dem Beruhigungsmittel, erfüllt von gedämpftem Schmerz und einer vagen Angst. Sie sucht mit zitternden Händen nach ihrer Lesebrille und findet sie neben dem Brief, den Dora ihr hinterlassen hat. Sie erkennt Doras Handschrift sofort. Warum mußte ihr Dora das antun?!

Liebe Evelyn,

der Name paßte früher gut zu Dir; bei einer alten, dicken Frau wirkt er nur noch lächerlich. Wir sind ärgerlich und überflüssig, aber in Deiner dummen kleinen Welt ist Dir das nie aufgefallen. Man wird nicht klüger, wenn man älter wird, man erstarrt nur in der Enge der Gedanken und Erlebnisse. Was dann noch zählt, ist die Vergangenheit. Ich habe in der Tat versucht, mit Dir zu reden, aber irgendwie bin ich immer wieder gescheitert an Deiner senilen Selbstgerechtigkeit. Alt, häßlich, krank und einsam: Es ist Zeit, sich zu verabschieden, Evelyn. Was ich hiermit getan habe, nach reiflicher Überlegung vor *Deinem Abgang. Hast Du jetzt endlich begriffen, was diese «letzte Reise» bedeutet? Da gibt es diese hervorragende Institution in London, die alten Leuten, die zu feige sind, sich umzubringen, sozusagen Sterbehilfe leistet. Für einen angemessenen Preis organisiert man den Abgang nach Wunsch. Ich finde, daß sie das sehr gut machen. Ich wollte schnell und schmerzlos sterben, während ein Pianist (der Eberhard übrigens sehr ähnlich sah) mein Lieblingsstück spielt, die Sonate in b-Moll von Beethoven. Ein wenig kitschig, zugegeben, aber wenn man seinen Tod schon aussucht und bezahlt, muß man ja nicht auf den Geschmack anderer Leute Rücksicht nehmen. Und nun zu Dir, liebe Freundin: Dein Schmerz über meinen angeblichen Selbstmord wird nicht lange währen. Ich habe Dir versprochen, daß Du Dir keine Sorgen um Deine Zu-*

kunft zu machen brauchst. Und ich halte mein Wort: Heute nachmittag werdet Ihr den «Zuckerhut» besichtigen. Man hat von da oben einen wunderbaren Ausblick auf Rio, du wirst staunen – und fallen. Du wirst sehen, es geht ganz schnell, und wenn Du jetzt denkst, daß ich diese Todesart für Dich ausgewählt habe, um Versäumtes nachzuholen, dann kann ich Dir nur recht geben. Ich bin, besser gesagt war, eine bösartige, nachtragende, kranke Frau. Niemand wird trauern, vermutlich wird auch Dein Sohn froh sein, Dich endlich los zu sein. Zumal ich ihm einen Teil meines Vermögens hinterlasse, schließlich ist er Eberhards Sohn, und er hätte auch meiner sein können. Findest Du es nicht einen Akt ausgleichender Gerechtigkeit, daß ich für Deinen Tod und die Zukunft Deines Kindes sorge? Nein? Wie auch immer, es berührt mich nicht. Adieu, Evelyn, und wehr Dich nicht gegen den Tod. Es ist unwürdig. Man hat solche Mühe, im Alter Würde zu bewahren. Deine Dora.

Evelyn läßt den Brief zu Boden sinken und versucht, seinen Inhalt zu begreifen. Es ist schwierig, weil die Angst sich ausbreitet und ihre Gedanken lähmt wie das Beruhigungsmittel, das man ihr verabreicht hat. Wo ist ihr Paß? Virginia verwahrt die Papiere. Trotzdem, sie muß jetzt aufstehen, wenn sie hundert Jahre alt werden will, aufstehen, sich anziehen, sich aus dem Hotel stehlen, zur Polizei, den Brief nicht vergessen, diesen Brief...

Evelyn schafft es bis zur Tür, dann drängen Virginia und die Krankenschwester sie zurück ins Zimmer. Noch eine Beruhigungsspritze und beruhigende Worte der Reiseleiterin: «Sie müssen sich keine Sorgen machen, es ist alles bestens organisiert. Sie werden jetzt noch ein wenig schlafen, dann machen wir einen hübschen kleinen Ausflug, der Sie ablenken wird.»

Keine Sorgen... Evelyn spürt die Wirkung der Spritze, die Wolke kommt wieder, und sie ist schon sehr vertraut. Das letzte Wort, das sie hört, ist «Zuckerhut», dann schließt sie die Augen.